Rosemarie Schulak

DAS KLEINE ABENDBUCH

Rosemarie Schulak

Das kleine Abendbuch

Kurze Texte und bunte Geschichten

Mohorjeva
Hermagoras

Mit freundlicher Unterstützung von

Plattform
**BIBLIOTHEKSINITIATIVEN
WIEN**

Rosemarie Schulak
DAS KLEINE ABENDBUCH

Kurze Texte und bunte Geschichten

Geleitwort: Edgar Hättich

Zeichnungen und Umschlagbild: Hans Krebitz

Umschlagbild: „Aquarell der partiellen Sonnenfinsternis über Gumpoldskirchen, 2003“

Gestaltung: Paula Supan

Gesamtherstellung: Hermagoras/Mohorjeva

Verleger: Hermagoras/Mohorjeva, Klagenfurt/Celovec

ISBN 978-3-7086-0739-9

Inhalt

ZUM GELEIT

„Kurze Texte und bunte Geschichten“, mit diesem Untertitel schickt die geborene Niederösterreicherin Rosemarie Schulak ihr „Kleines Abendbuch“ auf den Weg. Eine der Kindheitsgeschichten gleich am Anfang des Buches führt uns in die Laimgrubengasse in Wien, zurück in das Jahr 1936. Kindheitserinnerungen sind Geschichten, es kommen unvergessliche Personen vor, aber das Fesselnde ist die Beschreibung, wie das Kind die bunten Eindrücke aufnimmt. Bilder und Geräusche werden beschrieben, ganz plastisch, was es für das Kind zu hören gibt. Doch was poetisch ins Wort gebannt wird, sind nicht bloße Eindrücke, sind vielmehr Wahrnehmungen, die aus allem Geschauten und Gehörten einen inneren kindlichen Kosmos entstehen lassen. Die Außenwelt ist voller Lichter, Farben, Gerüche, Klänge, es sind die Anreize für die Wahrnehmung, welche sich selbstständig auf den Weg macht, um Träume und Fantasien hervorzubringen.

„Bunte Abendgeschichten“, ja, bunt ist der Reigen der Wahrnehmungen, ein buntes Mosaik im Innern. Dies gilt wohl für alle Texte und Geschichten in diesem Buch, auch für die Seelengeschichten der Erwachsenen. Eine Assoziation drängt sich auf: die Idee vom Weltinnenraum, wie sie sich bei R. M. Rilke findet. „Durch alle Wesen reicht der eine Raum: Weltinnenraum“, in dem die Vögel still durch uns hindurch fliegen. In der Abendrunde lesend, vernehmen wir in Rosemarie Schulaks Buch den freien Flügelschlag der Fantasie. Mögen diese hochsensiblen Texte empfängliche Leser finden.

Edgar Hättich

Baustein Gedanke

Jäh fallen sie in unsere Träume ein, die Erinnerungen, Gedanken. Finden kaum Widerstand in der Stille, auch nicht, wo tagsüber Wachsamkeit sie zurück zwingt. Nachts wachsen sie, nachts werden sie groß. Bauen sich aus und auf zu beweglichen Folgen, suchen und finden einander, verdichten sich zu Bausteinen für ein hellbuntes Mosaik. Und die Seele wird Kind, das will spielen.

Erinnerungen, Gedanken: Die drängen sich auf, so wie einem Kind sich Bausteine aufdrängen. Reiz, Anreiz; und schon setzt Bewegung sich fort. Ist die einmal da, kann keiner dagegen an. Ein Kind nimmt die Bausteine so wie unsereiner seine Gedanken, staunend erst. Neugierig dreht es sie um und um, spielerisch, bald geschäftig. Und der Baustein gewinnt an Wichtigkeit, schon hängt daran das Herz.

So verändert sich alles. Doch nicht bloß die Beziehung zum Baustein ändert sich, Veränderung geschieht auch den Bausteinen selber. Sind sie doch jetzt nicht nur Spielzeug, sondern längst etwas anderes. Möglichkeiten schlummern in ihm, neue Wirklichkeiten. Die sind aus ihm nicht mehr wegzudenken.

Ein Baustein kann alles sein für ein Kind. Er wird zum magischen Ding wie für unsereins ein Gedanke; wird zur Quelle der Kraft, unerschöpflich. Denn weitere Gedanken, Bausteine für ein Neues, gesellen sich ihm zu, gehen Verbindungen mit ihm ein, bis zur Einheit wird, was einander fern war; mit dem Ziel, noch weiter Entferntes in seine Nähe zu rücken, bis alles was ist und war in den spielenden Händen groß wird; Teil eines großen Ganzen. Und die spielende Seele selber? Ihre Verwandlung wird zur Erschaffung einer anderen Welt.

Ein Gedanke, einmal in mir vorhanden, lässt mich nicht los. Dreh ich ihn um und um, seh ich ihn rundherum an, zeigt er Geschmeidigkeit, Flugkraft. Das ist der Beginn, dann läuft alles von selber. Schon gesellen sich weitere Aspekte ihm zu. Die Metamorphose ist zwingend, selbst traurigstes Nichtstun wird zur beflügelten Strebung. Vielleicht wäre es gar nicht möglich, einen einmal gefassten Gedanken auf seinen Verwandlungswegen zu stoppen? Ist er erst einmal da, nimmt das Schicksal schon seinen Lauf. Es ist als geschähe alles von selber. Fröhlich, in selbstvergessenem Spiel, ergibt sich ein Neues.

Laimgrubengasse 1936

Wer vom hoch gelegenen Mariahilf erst steil über Stufen, dann durch die Häuserschlucht ins Wiental hinabstieg; über den Abhang der Gassen, mit dem schmalen Streif Himmelsblau über sich, dem Kopfsteinpflaster unter den Füßen; wer durch die obere und die untere Lehmgrube, Lahmgrube, Laimgrube – irgendwann Laimgrubengasse genannt – wie durch einen Hohlweg ging und ab und zu seinen Hals steil nach oben drehte, von Weitem schon von den sinneverwirrenden, wilden Gerüchen des Naschmarkts durchströmt, ja überwältigt, die Augen zu den schwindelhohen obersten Stockwerken der Gründerzeithäuser hinaufhob: der kann verstehen, was einer empfinden musste, der in kindlicher Winzigkeit, Nichtigkeit, vom offenen, sanft hügeligen Weinland in diese Laimgrube kam, Lehmgrube – Lehmziegelabbaugrube, die sie einstens ja war – und allzu schnell eingepflanzt wurde in dieses gewaltige Reich: Erhabenheit schloss ihn ein. Vom Staunen kam er gar nicht heraus.

So tief war der Fahrstreifen für Fuhrwerke, später für Autos, eingesenkt in die Grube, dass Hauseingänge von unten her nur über etliche Stufen erreichbar waren; sehr wohl also Hindernis für die kleinsten der Menschen, Kinder und Greise, die aber ohnedies lieber oben blieben auf dem Trottoir. Das bot den Vorteil, rumpelnde Pferdegespanne, beladen mit Brot oder Milch am Morgen, bei Tag mit allerlei wichtigen Sachen, oft waren es Eisblöcke zur Kühlung von

Fleisch und Butter, von sicherem Standort aus besser betrachten zu können; und um nicht zu nah an Hufen und Rädern, also gefährdet zu sein.

Wie anders die Gefühle ganz oben, in schwindligen Höhen! Unvergesslich beim Augenöffnen am Morgen das Erwachen des Ohrs! War es draußen im Weinland vielleicht einmal ein einsamer Hahn, fernes Hundegebell, das die Totenstille durchbrach, oder störte das leise Summen eines Insekts die Lautlosigkeit der Schläfer: Hier wurden die Sinne jäh und durch eine Vielfalt von Geräuschen geweckt.

Wenn alles noch dämmerig war, hart klappernder Hufschlag heraufklang, laut verstärkt auf granitenem Kopfstein; wenn es plötzlich hohl dröhnte aus der gemuldeten Mitte der Häuserschlucht, um gleich wieder heller zu tönen wegen der Steigung zum Markt hin, bis es in der Weite des Wientales sich wieder verlor. Dieses Getrappel, Gekreisch und Gerumpel der abwärts rollenden Räder mit dem rauen, durch das hohe Gemäuer verstärkten Rufen des Milchmanns, gefolgt von der lustigen Antwortstimme aus dem Laden, der eben beliefert wurde; und dann geschäkert, gelacht werden durfte, so lang, bis es endlich genug war, und das Pferdegefährt wieder in Gang kam, hörbar bergauf zum Naschmarkt hin seine Last zog unter den Schwirrgeräuschen der Peitsche, die oben wieder verstummte.

Unvergleichlich diese Morgenmusik, wie aus tiefem Brunnen, von dem harten Tack-Tack vieler Stöckelschuhe begleitet, die die Gasse entlangzogen, von einem Ende zum anderen. Und das alles vermischt mit erregenden Bremsgeräuschen der Straßenbahn;

anfangs leise, weil weit entfernt und hoch, dann erst in der Skala der Töne tief und gefährlich klingende Talfahrt der Elektrischen, wie man sie damals nannte, samt ihrem wildem Gebimmel; wie sie von ganz oben, von der Höhe des Esterházyparks mit Sirenengeheul sich herabließ, bevor sie schrill kreischend unten ankam, knirschend und mit jähem Gezisch, wenn der Splitt von den Schienen aufsprang und das rumpelige Gefährt endlich anhielt. Die Laimgrube beantwortete das alles mit ihrem eigenen tiefen Getön; bis die Elektrische, kaum dass der Staub sich verzogen hatte, wiederum losfuhr. weiterrollte, nun auch das letzte Stück der Gumpendorfer Straße entlang bis zum Platzerl, beim Sperl um die Ecke, und gemächlich dem Ring zu.

Diese Aufregung, als sich das alles eingrub in die Wege eines Kleinkindergehirns, beim jähen Aufschrecken, Lauschen, Stocken des Atems! Dieses Staunen, bis jedes der unbekannten Töne eines solchen Konzerts von den Erwachsenen erklärt, den dreijährigen Ohren in ihrem Zusammenhang und Zusammenklang endlich fassbar wurden; Ohren, die wie nirgendwo sonst dem Ordnen von Sinneseindrücken gewachsen sein mussten unter dem Dach des vielstöckig-wuchtigen Gründerbaus. Denn alles war neu und alles auf einmal Wirklichkeit, was anderswo nie erlebt und erfasst hätte werden können: Eine tönende Vielfalt, die sich für alle Zeit einprägen sollte, um einer eben erst wach gewordenen Wahrnehmungskraft erhalten zu bleiben für immer.

Die Laimgrubengasse, die heute gar nichts mehr ahnen lässt von ihrer wilden Schönheit, weil sie, nämlich die Grube, mit allerhand undefinierbarem Zeug befüllt, geebnet und mit gemeinem Straßenbelag versehen, eben gar keine Grube mehr ist; und ohne granitenes Kopfsteinpflaster, ohne die steile Stiege von der Naschmarktseite hinab, nur mehr in Bildern und sehr ferner Erinnerung lebt; jene Stiege, die es jetzt nicht mehr gibt, die daher an ihren Seiten zum Schutz der Fußgänger links und rechts neben der Fahrbahn auch jene hohen Mauern nicht brauchen würde, die es an ihren Seiten gab, um Gefahren zu bannen; um Hausfrauen und Kinder, Obst- und Gemüsekörbe vor Rössern, Rädern und anderem Ungemach zu bewahren.

Die Gasse füllte das Dasein des Kindes aus, nicht nur solange es sie bewohnte, was oft genug, zu allen Jahreszeiten einmal, der Fall war; sich wiederholte und Gewohnheit wurde mit der Zeit. Im Winter, wenn Schnee die Gasse bedeckte und fest genug war, wurde die Laimgrube zur Rodelbahn. Man stapfte zur Gumpendorfer Straße hinauf, Kinder und Erwachsene in großer Zahl. Die meisten kannten einander, plauderten und genossen die lustige Talfahrt, die rasant werden konnte bei eisiger Glätte, doch vor der Steigung zum Naschmarkt immer von selber zum Stillstand kam. Nachbarkinder ließen mich aufsitzen, freundliche Frauen packten das fremde Kind auf ihre Schlitten und fuhren mit ihm los.

Mehr als den Winter liebte man aber den Sommer. Dann gehörten die Vormittage der Buntheit und dem Geschrei des Marktes. Nachmittags putzte die Tante das Kind zum Spaziergang heraus, der auf der Ringstraße seine Höhepunkte fand. Allein schon die Wucht der Museen, die einem Dreijährigen die Geheimnisse ihrer Marmortreppen und glatten Figuren zwar noch beharrlich verschwieg, ihm aber als Vorgeschmack künftigen Glücks so etwas wie den Aufgang himmlischer Türen verhieß.

Überrascht es, dass Verheißungen solcher Art ausgerechnet in der Tiefe der Laimgrube eine erste Erfüllung fanden? Dass die Schönheiten der großen Welt ausgerechnet hier auf den wachsenden Hunger der Seele traf? Von außen schmückte sich der mächtige Gründerzeitbau links und rechts vom Eingang mit blühendem Oleander. Das Wehen der rosafarbenen Blütenbüschel über dem Kopf stimmte festlich und verklärte den Aufstieg, der einer Bergbesteigung nicht unähnlich, erst nach einigen Mühen auf lichten Höhen endete.

Trat man durchs Haustor, empfing den geblendeten Gast erst muffiges Dunkel, das er nur tappend und nach dem Fußpunkt der steinernen Treppe tastend, durchdrang. Doch dann dieses Hochgefühl, bis zur ersten Etage über rotsamtenen Teppich zu gehen, seitlich von schwerer Kordel begleitet, die blutrot durch die aufgerissenen Messingmäuler der auf Hochglanz polierten Löwenköpfe lief und in riesigen Quasten endete! So blank geputzt war das alles, wie nur der Aufgang zu einem Märchenschloss hätte sein können, eifersüchtig bewacht von der Hexengestalt einer Haushüterin, die mit zusammengezogenen Brauen Sauberkeit von Händen und Füßen einmahnte. Man hatte hier nichts zu berühren, man hatte – lautlos – zu sein! Die Löwenmäuler taten ein Übriges, um das Haus und die kostbare Kordel über Solnhofner Schiefer vor Unstatthaftem zu schützen.

Doch herrlich nach jeder Runde des Anstiegs das Licht von oben, das mit jedem Mal heller durch die geätzten Gangfenster drang, jede der riesigen Scheiben mit Schnörkeln und schwebenden Feen geschmückt, mit Schleifen, Bändern, Lockenpracht und tanzenden Füßen über imaginärem Gewölk. Im obersten Stockwerk war alles von Sonnenstrahlen erhellt.

Ein Haus voller Wunder; das Zimmer dort oben ein Abglanz vom Paradies. An den Nachmittagen die Lichtflut, die über die hundertjährigen Dellen des schräg gegenüber liegenden niedrigen Hausdachs schwappte, durch die Fenster brach und alles in Goldschimmer tauchte! Das Kind verstummte der besonderen Farben wegen, die den luftigen Raum mit himmlischem Glanz durchzogen. Der Vorhang siebte das Sonnenlicht in tausend Sprenkeln über die Dinge, ein Gleißen, das sich sowohl mit dem Glück, als auch mit dem Schmerz der Seele aufs Innigste verband.

Je länger jedoch der Blick auf dieser Fensterwand ruhte, die ihresgleichen nicht fand, desto tiefer bohrte sich Heimweh ins Herz, verzahnte sich und verschmolz die Faszination eines Augenblicks mit jenen Resten im Inneren, die aus verloren geglaubter Liebe stammten, der Angst und der verhaltenen Sehnsucht nach dem Dunklen der Mutter.

Wie das die Gastgeberin ahnte! Wie sie es ängstlich verschwieg! Wie sie sich mühte, niedergekämpfte Tränen in Freude zu verwandeln! Himbeerwasser aus kunstvoll gematteten Gläsern, Tellerchen mit nie gesehenen Dingen darauf, Obstkörbchen, weiß lackiert und blauseidene Maschen, all das gab es anderswo nicht und war dennoch kein Trost. Bis ein Wunder geschah und in einem Ereignis gipfelte, das alles Vorangegangene an Schönheit noch überbot.

Von der Laimgrubengasse war es nicht weit bis ins Zentrum. Also befand man sich eines strahlenden Sommervormittags plötzlich mitten im Dom. Es waren die alten, damals noch unzerstörten gotischen Glasfenster, die blau, gelb, violett bis blutrot gebrochenes Licht über Bündelpfeiler, Altäre, Figuren warfen; das ganze Innere des Raums mit Farbschimmer übergossen und mit Lichtsprenkeln bewarfen, so dass die graue Substanz des Steins ins Dunkle zurücktrat, um einem Unerklärlichen Platz zu machen, das geheimnisvoll glühte und glomm in der Weite des Kirchenschiffs, wo bis in finsterste Ecken nichts sich behaupten konnte als die Magie des Lichts.

Auf diese Farben, auf diese Mystik im hohen Raum hatte die Frau ihre Hoffnung gesetzt und gewonnen. Die Überwältigung durch Neues, noch Unbekanntes, dachte sie, müsse es sein, Zauberei oder Faszination durch ein Rätsel, das alle Sinnesorgane eines Kindes beschäftigen, ihre Kapazität ganz ausschöpfen werde, weil es hier alles gab, was einem neugierigen, noch unbeschriebenen Menschengehirn als Geheimnis entgegenkam.

Als die vorausberechnete Wirkung eintrat, kam dazu noch ein Übriges. Das farbendurchspülte Innere des Doms, dessen steinernes Grau der Wände inmitten der Pracht der Glasfenster nur dazu da zu sein schien, dieses kostbare Licht zu halten, musste durchschritten werden in voller Länge.

Vor dem alten Juwelenkreuz rüttelte die findige Frau das halb ohnmächtige Wesen auf, das im Farbrausch und im Schwall schwerer Düfte matt auf ihrer Schulter hing; sie redete auf es ein, wies hin und wiederholte eindringlich Farben und Namen: Smaragd, Saphir, Diamant, Türkise; Bergkristall und Rubin, und noch vieles mehr. Damit es wahrnehmen solle, wie dieses schwere Gehäng zwischen den Pfeilern, wenn auch im Schatten, so doch aus verschiedenen Richtungen lichtdurchzuckt, alles Übrige, das sonst noch zu sehen gewesen wäre, überstrahlte. Damit es dem Kind, das mit dem Gesicht nach oben ihr nun auf dem Arm lag, die Pupillen durchdrang, hindurchfiel ins Weiche und da seine Spur hinterließ; damit sich Bilder und Namen mit dem Grund seiner Seele verbanden, verknoteten mit dem erwachenden Selbst als Epiphanie des Großen, Schönen, und – wie sich später erst, nach Krieg und Zerstörung herausstellen sollte – nie wieder zu Schauenden; als Spiegel und Gegengewicht zur Angst und zum Trennungsschmerz als neue, ganz andere Art von Heimweh: Wegrichtung einer Sehnsucht und seiner unumkehrbaren Dauer.

Von den Tränen der Welt

Ob es die Tränen in seinen dunklen Augen waren, die ihn so sehr von der übrigen Welt unterschieden, oder die Eleganz seiner Erscheinung, wenn er, hoch gewachsen und schlank, in aufrechter Haltung die Laimgrubengasse herabschritt, korrekt sein feiner Handschuh, das schmale kluge Gesicht, der tadellos sitzende Frack; ein dünner Spazierstock, der kaum den Boden berührte. Manche behaupteten, das alles bedinge einander, seine Trauer und diese altmodische Art von Schönheit gehörten zusammen. Ich weiß es nicht, erinnere mich nur, dass in jenem Jahr 1938 beides untrennbar mit der Gestalt eines Mannes verbunden war, der manchmal spät nachmittags, manchmal beinah in der Nacht, durch die Glastüre unserer Etage schritt, fast unhörbar am Küchenfenster der Tante vorbei und in der Nebenwohnung verschwand. Ein leises Klicken war es, das mich oft aufhorchen ließ.

Ihn aus der Nähe zu sehen, war selten erlaubt. Nur der Onkel schlüpfte ab und zu schnell auf den Gang hinaus, wenn der Nachbar vorüberging. Sie grüßten und schüttelten einander lang die Hände, redeten leise und aufgeregt, wobei sie das Gangfenster öffneten, die Köpfe eng beieinander. Deswegen und wegen der Geräusche von draußen war nicht ein einziges Wort zu verstehen. Meist kam die Tante und zog mich vom Küchenfenster weg, wenn ich durch den Spalt sah. Sie schob mich hinein in ihr Zimmer. Nichts für Kinder, sagte sie leise und legte, meiner Neugier wegen, den Zeigefinger vor ihren Mund.

Kam der Onkel nach einer Weile wieder herein, waren seine Augen feucht, und die Tante lief zu ihm hin und redete voll Sorge in sein Ohr. Dinge, die mir rätselhaft blieben.

Aber Du! wiederholte sie immer wieder. Aber Du.

So, wie sie das sagte, hörte der Onkel sofort zu seufzen auf, sein Gesicht machte sich weich und breit. Er nahm sie in seine Arme, während sie an seiner Brust zu schluchzen begann, was ihn regelmäßig zum Lachen reizte. Meine Marille, nannte er sie dann zärtlich und streichelte ihr Haar. So nannte er sie nur in besonderen Momenten.

Sonntags verwandelte sich die schmale Passage vor den Wohnungstüren auf wundersame Weise. Am frühen Morgen schon, sobald die Sonne durch die geöffneten Gangfenster fiel, standen geflochtene Gartenstühle davor. Am Fensterhaken schaukelte ein Kanarienkäfig, damit der gelbe Vogel, der immer nur für die Frau von nebenan Töne von sich gab, für niemanden sonst, genug Frischluft bekam. Auf dem Tischchen darunter stand ein Rasierspiegel. Der spiegelte das Gesicht des eleganten Herrn, sodass etwas davon auch vom Küchenfenster der Tante aus zu erkennen war. Weißer Schaum, durch den ein riesiger Pinsel fuhr, veränderten sein Gesicht derart, dass es kaum zu erkennen war. Nur die Augen des Herrn blieben schwarz und, wie es schien, voll von Tränen, ein eigenartiger Kontrast zu dem weißen Gewölke auf seinen Wangen. Das und ein rot gestreifter Morgenrock über riesigen bunten Pantoffeln, hinterließen in mir einen unauslöschlichen Eindruck. Natürlich durfte ich in solchen Momenten niemals hinaus, nur für Sekunden gewährte der Fensterspalt einen verbotenen Blick.

Der zweite Flechtstuhl war für den Onkel bestimmt. Der saß daneben und beide Herren redeten. Wiederum war kein Wort zu verstehen, auch weil die Tante mir immer wieder irgendein Kleidungsstück über den Kopf zog, den Kamm durch mein Haar, oder weil sie, der Schuhe wegen, an meinen Füßen zerrte und an den Schuhbändern riss, dass es schmerzte. So rüstete sie mich zum Kirchgang, was den Onkel zum Abschied von dem geheimnisvollen Herrn zwang. Wieder schüttelten sie einander die Hände, und beide machten Augen, so düster wie nie.

Ich hätte damals gerne gewusst, warum dieser vornehme Mann Tränen vergoss und erfuhr es später. Er weiß sehr viel, sagte der Onkel zu mir, als die Tante einmal abwesend war. Und je mehr einer weiß, desto mehr muss er sich kränken. Die meisten Menschen lachen und kränken sich nicht, weil sie nichts wissen. Wer aber viel weiß, der muss viel weinen. Auch für die andern. Das sind die Tränen der Welt.

Darüber dachte ich nach, als die Tante vor dem Radio saß, den Kopf vorgestreckt und sehr blass im Gesicht. Sie antwortete nicht auf Fragen. Der Onkel unterbrach sein Auf und Ab durch das Zimmer auch nur, um hinzuhorchen. Warum denn der Herr nebenan gar so viel wisse? Freilich, sagte die Tante ganz aufgeregt, weiß der viel. Die Leute erzählen ihm alles. Ihm können sie es ja sagen und anvertrauen, denn wenn einer Oberkellner ist in so einem feinen Cafe, einem Ringstraßencafe, wie es kein Schöneres gibt, wo die Menschen reden, alles bereden, was ihnen und anderen geschieht...

Tatsächlich war der Mann mehr als nur Oberkellner im angeblich schönsten Ringcafe, das es je gab und später dann, nach dem Krieg überhaupt nicht mehr gab. Weggewischt wie so vieles und bald vergessen. Er aber hatte zu Anfang der Zwanziger Jahre in England jene besondere Ausbildung genossen, die ihm in seiner Heimat den höchsten Respekt eintrug: Ein echter Butler sei er, erklärte man mir in Ehrfurcht, und erklärte das sehr genau, weil ein kleines Landkind ja nicht wissen konnte, was oder wer ein richtiger Butler sei, was er können müsse, was leisten, und was ihm sein Dasein für die allerhöchste Gesellschaft einfach gebot. Von London war er mit einer kleinen, runden, lustigen Engländerin zurückgekehrt. Er sorgte sich um seine neugierig-redselige, über alles geliebte Frau, weil sie die Gefahr nicht erkannte, die in der Luft lag und die zu Ende der Dreißiger Jahre bereits alle Welt zu lähmen begann.

Wo die Liebe hinfällt..., seufzte der Onkel. Ja, wo sie hinfällt! Und küsste nachdenklich seine Marille.

Die Engländerin dachte nicht daran, das Land zu verlassen, als es so weit war. Sie liebte ihren Eduard, den sie Edward nannte, oder auch Ed. Sie blieb all die Kriegsjahre über unbehelligt, nur ihren Mann hat man ihr entrissen. Er wusste zu viel. Es ist nicht gut, sagte die Tante, wenn einer viel weiß. Aber nie, auch nicht in Todesgefahr würde ein richtiger Butler Geheimnisse verraten. Zu vieles war ihm anvertraut, und er schwieg. Vielleicht war er deshalb eines Tages fort und verschwunden.

Eine der letzten Vorkriegsbegebenheiten mit jenem Herrn haftet mir noch im Gedächtnis. Der Kanarienvogel war tot in seinem Käfig gelegen, die Engländerin weinte bitterlich, und ihr Mann hatte wieder einmal feuchte Augen. Also weinte auch ich, als ich der Einbettung des winzigen Tierchens in eine rosafarbene Schachtel beiwohnen durfte. Sie war ein Mädchen, hauchte die Engländerin. Deshalb die rosablumige Farbe.

Vor der Bestattung wurde viel diskutiert. Es musste ein würdiger Ort sein, die Passanten der unteren Gumpendorfer Straße beobachteten unser Trauergeleit. Ich hatte voranzugehen, kannte ich doch diesen Weg seit langem. Hinter mir das trauernde Paar, die Hinterbliebenen mit der Schachtel, nach ihnen Tante und Onkel. Es war herzzerreißend. Die Tränen der Welt, dachte ich, die sind ja auch für die Vögel da, und jetzt sind sie auch die meinen.

Hinter dem Gitter des Kaisergartens am Ring gab es ein kunstvolles Felsenbeet. Später fand dort das Standbild des Kaisers seinen besonderen Platz. Die Engländerin, den ganzen Weg über sprachlos vor Schmerz, wollte nichts als einen würdigen Ort für ihren Liebling. Das Steinbeet enthielt bunte Blumen, da und dort lugte ein Stück weicher Erde hervor. Die rosafarbene Schachtel war so klein, dass sie ohne Weiteres nach einigem Stochern darin versank. Über der Stelle wollte die Engländerin unbedingt ein Kreuz; weiß, denn das Kanarienmädchen war ein Muster der

Unschuld gewesen. Daraus ergab sich eine Debatte, an der auch die umstehenden Leute teilnahmen. Eine Menschentraube hatte sich gebildet, die Meinungen gingen auseinander, aber wir kehrten der Menge den Rücken, sowie später der Kaiser es tat, und steckten, um des lieben Friedens willen, nur ein kleines mitgebrachtes Hölzchen in die Erde, bevor wir ein Gebet zum Himmel sandten.

Erst nach Ende des Kriegs, als wegen der schrecklichen Wunde, die die Bomben der Laimgrubengasse zugefügt, so vieles verändert war, tauchte Herr Edward wieder auf, und auch er war verändert. Stand eines Tages groß, hager und traurig in der erhalten gebliebenen Gangtür, die mit ihren kostbar geätzten Gläsern, Ornamenten, Schleifen, der ganzen kunstvollem Zier, ein Gegenbild zu den Glasfenstern im Stiegenhaus bildete. Einige der schönen Scheiben waren zerstört und durch Holzplatten ersetzt worden, doch schien mir damit das Leben in der Laimgrubengasse empfindlich verändert, weil alles zusammen, das heil Gebliebene und das Zerstörte, bei jedem Vorbeigehen und mit jedem zufälligen Blick Vergangenes in Erinnerung rief.

Das elegante Ringcafe gab es nicht mehr, würde es nie mehr geben. Herr Edward wischte mit seinem Taschentuch immer noch Tränen aus seinen dunklen Augen, aber so wie es aussah, waren es jetzt noch mehr. Ohne je zu erfahren, was ihm tatsächlich geschehen war, vermutete ich dahinter immer noch die Tränen der ganzen Welt, und vielleicht war das auch gar nicht so falsch. Seine kleine, augenzwinkernde Frau, diese tapfere Engländerin, mir immer schon lieb und wert wegen ihrer Heiterkeit und ihres profunden Wissens über englische Literatur, überlebte den Butler und wohnte lange noch nebenan, bis in ihr neunundneunzigstes Jahr.

Butterbrote

Die Kinder haben nach Butter nie gefragt, das hätte auch nichts genützt. Vielleicht hätte es eine Rüge gegeben oder überhaupt keine Antwort. Überflüssige Fragen stellt man nicht, außerdem weiß ein Kind ohnedies derlei selber. Nämlich wie lange es braucht, um ein Flöckchen Butter zu schlagen. Dass man dazu erst einmal Milch kriegen muss, die nicht immer zu haben ist, und dass die fette Schicht auf der Milch, die gelb obenauf schwimmt, oder besser, obenauf schwimmen soll, wenn sie nicht vorher entfernt worden ist, erst abgeschöpft werden muss mit dem Löffel. Und zwar täglich, solang eben Milch vorhanden ist, denn so selbstverständlich ist das alles ja nicht. Manchmal braucht die Frau, die die Milch verkauft, den Rahm ja auch selber; manchmal hat die Kuh, von der alles kommt, von vornherein zu wenig Milch, und das Kännchen bleibt leer; und wer weiß, was sonst noch Ursache eines Verzichts sein kann. Man stellt keine Fragen.

Beinah jeden Tag muss nämlich ein Löffel Milchfett ins Glas, soll am Ende Butter draus werden, vielleicht sogar zwei. Die Mutter hat das schönste Gefäß dafür parat, ein gläsernes Wunder. Ein Behältnis mit geschliffenem Muster vorne und hinten, mitsamt einem gläsernem Stöpsel, der funkelt und gleißt. Ein Behältnis, eigentlich für Likör, wird erklärt, vielleicht einst ein Hochzeitsgeschenk! Was Likör ist, weiß das Kind nicht, es hat Likör nie gesehen. Etwas Besonderes, denkt es, wird es schon sein, sonst wäre die Flasche nicht so wie sie ist, so herrlich und wunderbar.

Die Mutter ist glücklich, weil ihre Lieben bald Butterbrot haben werden. Am Freitag, vielleicht auch erst Samstag, beginnt dann das Schütteln.

Ihre linke Hand hält den Boden des feinen Gefäßes umspannt, die Rechte umfasst den Flaschenhals samt dem Stöpsel. Darin ist das Abgeschöpfte von all den Tagen. Sanft muss das Schlagen vonstatten gehen, ohne Hast, damit nichts passiert, also schwenkt man die Flasche mit viel Bedacht, schwenkt sie umsichtig auf und ab, gleichmäßig und, wie zu sehen ist, rhythmisch. Schlägt mit den Fersen leise den Takt. Schau, sagt die Mutter, siehst du sie wachsen?

Klatsch, macht die fette Milchschicht, klatscht gegen die Glaswand nach oben, nach unten. In der Flasche schäumt es und quirlt, ein trübweißer Wasserfall; und etwas darin fliegt hin und fliegt her, das flockt, das klumpt, und ein Gelbliches trennt sich vom Weißen. Von der schimmernd-opalenen Flüssigkeit trennen sich Teilchen, und schnell fliegt der Atem, denn was in der Flasche sich dicht jetzt zusammendrängt, was sich da formt, ist wahrhaftig, ist...

Atemlos hält die Mutter inne, sie lacht wie sonst nicht sehr oft. Das Brot! ruft sie. Du bring das Salz, du das Brot, damit ich es schneide! Sie hebt das Gefäß vor die Augen, betrachtet, gegen das Licht gerichtet, ihr Werk. Dann löst sie den Stöpsel und leert eine bläuliche, durchsichtig gewordene Flüssigkeit in ein Glas. Der gelbliche Klumpen aber, vielleicht fingerlang und sicher auch fingerdick, bleibt drinnen gefangen. Er kann sein Gefängnis von selber nicht leicht verlassen, trotz Schüttelns steckt er im Flaschenhals fest. Da muss erst die Nadel kommen. Wie durch ein Wunder hakt sich die Häkelnadel, die frisch gewaschen und schön poliert bereitliegt, hinein in das Weiche, und schon nach dem zweiten, dem dritten oder vierten Versuch ist der Batzen herausgeflutscht auf den Teller, wo ihn ein flinkes Messer in Form bringt.

Und schau! befreit von den letzten Tropfen der Buttermilch, hat er sich in einen Igel verwandelt, ein Igelchen freilich. Es hat die runde Kuppe des Messers ihm lustige Stachelreihen gezaubert, mit putzigem Köpfchen und Schnäuzchen. Und blitzschnell dreht sich der Teller. Von diesem geht es nun auf einen anderen, gläsernen, glänzend und unberührt von sämtlichen Spuren der Mühe und der Gerätschaft. Durchaus für würdig befunden, die Gottesgabe zu Tisch zu bringen, vor aller Augen.

Vom ewigen Leben

An jedem Ort, in jedem Bereich unseres Denkens zeigen sich Spuren derer, die nicht mehr sind. Jahrzehntelang Teil von uns, leben sie in unserem Bewusstsein fort, wenn auch ihr Leib sie verlassen hat; das lässt sich nicht leugnen.

Als verborgene Berater oder gar Lenker unserer Entscheidungsprozesse behaupten sie ihre Ansprüche wie eh und je. Sie kennen uns genau, mischen sich in unsere Angelegenheiten, stellen Fragen oder antworten selbst nach Laune und Lust. Welt der Geister nennt einer das, Diktat der Unsichtbaren, denen nicht zu entkommen ist, mit denen wir aber zurechtkommen müssen, weil wir sie nicht abschütteln können, auch nicht abschütteln wollen. Mitten in uns leben sie ihr ewiges Leben, vielleicht ein besseres als ihnen zu Lebzeiten je beschieden war. Wir fordern ja nichts von ihnen, widersprechen nur selten und finden ihre Einflüsterungen, wenn auch ungefragt, so doch ab und zu gut.

Und sie bleiben nicht unbedankt. Ein Öllicht zu Allerseelen, eine Kerze im Fenster zur Heiligen Nacht. Die Verewigten wissen schon, wie wir das meinen und lassen ihrerseits gern einen nützlichen Impuls in unsere Hirnschalen fließen, da, wo es Not tut. Ein dünnes Stimmchen zum Beispiel, das flüstert so: – Kindskopf, du...! Nimm doch den wärmeren Schal aus der Lade, es wird windig werden in euren eiskalten Gassen...

Ein anderer Geist, durchaus frisch noch und kräftig, flüstert in mein offenes Ohr: – Um Himmels willen, was schreiben Sie denn da! Nicht schon wieder diese Grässlichkeiten! Und dort, am Seitenende! Erkennen Sie die Tautologie? Am Besten, Sie streichen überhaupt gleich den halben Satz! Kürzen, bitte sehr! Kürzen...!

Ach, und von irgendwoher tönt plötzlich noch eine Stimme; so wie die vorige ohne Leib und vielleicht deshalb so herb, beinah streng, um nicht zu sagen unhöflich: – Lassen Sie das! Warum wollen Sie denn dieses Zeug da kaufen! Nicht einmal den halben Preis ist das wert! Wer schlechte Ware kauft, trägt Mitschuld am Verfall unserer Kultur! Des Geschmacks, der Moral...!

Was könnte einer darauf sagen? Nichts! Ich widerspreche auch nicht. Horche vielmehr auf den Nachhall der Rügen und bin am Ende noch dankbar dafür. Gönne den Geistern nicht nur ihr gar nie endendes Leben, sondern erbitte es sogar, inständig. Gott, lass sie nicht schwinden aus unserem Dasein! Wo kämen wir ohne sie hin? Außerdem gilt die Regel: Sollten sie einmal Unrecht haben, könnte ja vorkommen, dann trifft sie keine Schuld, sie tragen keine Verantwortung. Machen sich vielmehr aus dem Staub, dem Erdenstaub; denn der geht sie nun wirklich nichts mehr an. Also keine Verpflichtung. Kleine Irrtümer werden ihnen verziehen. Immerhin lebten sie in einer anderen Zeit und kennen die unsere nicht so genau, also seien wir nachsichtig. Sie dürfen kommen und gehen, wann sie wollen, genießen das Privileg, nicht unter uns Starrköpfigen ausharren zu müssen, nur als

Denkimpuls in uns präsent zu sein. Und nicht nur in uns. Denn wir tradieren ihre Einsichten ja unentwegt an andere weiter, an Kinder und Kindeskinder, und diese geben sie wieder weiter an die Nachkommenden.

Vom Sprechen und Schweigen

Ich höre mich reden. Höre ich mich, oder habe ich mich getäuscht? Vielleicht ist es auch etwas anderes, das eine Rede nur vortäuscht. Die Stimmbänder wölben sich auf wie Segel. Ein Wort wird zum Wind, der hineinfährt, sie hurtig vorantreibt. Es gibt nichts, das eine Stimme derart vorantreiben könnte als ein lang zurückgehaltenes Wort, ein ins Abseits gedrängter Schrei, der vielleicht einmal im Kommen war und immer noch kommen will, kommen muss irgendwann, und doch allzu selten nur einfach daherkommt.

Fürchte dich nicht, tönt es im Hintergrund. Lass es frei. Weich wie Wasser wird es sein, dein Wort, weicher als alle Wasser, die du gekostet. Es härtet sich nur in der Kälte, erstarrt und wird scharf wie Eis; messerscharf, damit es die Nebel zerschneide, die Dickichte deiner Angst, damit sich was ist herausschäle aus dem Schmerz, aus den Kerkern aller Gebundenheiten, aller scheinbaren Himmel.

Etwas hat damit begonnen. Das Warten, die Stille. Darin ist nichts als ein ferner, vertrauter Klang. Kein Wind mehr. Die lichten Segel sind eingezogen, es wiegt sich das Boot. Wo ist die Kraft, die es vorantrieb, geblieben? Ich horche. Höre mich reden. Höre ich mich, oder ist es nur die Erinnerung, die sich ab und zu riesenhaft aufwölbt? Nein, nein, ich sage nichts. Nur ein abgebrochener Laut durchzieht die Stille, macht sich breit in der Leere.

Wird nur noch lautlos Empfundenes sein? Gefühltes,

Gedachtes? Unausgesprochen für immer und unerhört?

Höre! So wiederholt sich die Rede. Höre und sprich, damit auch du gehört werdest. Gehört und erhört, in deinem Willen zu sein. Horch, wie es spricht in dir. Und fürchte dich nicht und rede.

Die Imme wählt ihr Bild

Die Imme faltete das Papier auseinander, bewegt, gefasst und zu allem entschlossen. Ihr Traum würde Wirklichkeit werden, ihr eiserner Wille, sie selber, ungebrochen. Das nannte sie Glück: Vorfreude auf etwas, das nach ihrer eigenen, wenn schon nicht nach des Ewigen Vorsehung auf sie zukam, ihr einfach zufiel: ein Kind.

Also senkte sie ihren Blick zu dem Wunder, das durch eigener Hände Fleiß bald Wirklichkeit werden würde. Mit Fingerspitzen befühlte sie die widerspenstige Sprungkraft der Seide, das Raue, das Glatte, das in ihr war, den Schimmer, der von ihr ausging, Charme und Flair, so wie sie es immer erträumt. Nicht für sich selbst hatte sie diese Seide gedacht, für sich selbst erstrebte sie Luxus nicht. Das Schöne an sich war ihr wichtig, das sich im Äußeren wie in der Ausstrahlung einer Person auf ihre Umgebung zeigen musste. Für das Kind, dachte die Imme, soll es sein, nie und nimmer für mich.

Sie trat an das Fenster, um die eben erstandene Herrlichkeit im Licht genauer zu prüfen, um jenes gewisse Etwas darin zu erkennen, das ihr so sehr gefiel. Ein wohl dutzende Male, besonders in Faltenwürfen gebrochenes Blau, das an den Abendhimmel erinnerte, den sie in ihrer Kindheit gesehen, als die Wörter *Seide*, oder auch *Taft* für sie noch nicht existierten, nicht für die Tochter der bescheidenen Schlesierin Paulin', die in eine Gegend gewandert war, wo es nichts zu erwarten gab, auch nichts zu wünschen

Wien Prater, Riesenrad

außer ihrer Kinder Gedeihen. Die Imme hatte es gut, hatte anders als ihre Geschwister nie wirklichen Mangel gelitten. In ihr, der Schneiderin feiner Leute, war die Hoffnung noch nicht erloschen, würde auch nie zu löschen sein. Für sich selber begehrte sie nichts. Doch für ein Kind? Dass es das ihre nicht war, nicht sein konnte, sein durfte, schmerzte; verstärkte jedoch nur ihren mächtigen Willen.

Imme kannte die Armut, sie war aufgewachsen in ihr. Was immer an schönen Dingen für sie erreichbar war, durch ihrer Hände Arbeit wurde es erreicht. Vom Luxus ihrer Arbeitgeber wusste sie das zu unterscheiden, so wie sie das Teure vom Einfachen unterschied, das Beste vom Guten. Es war auch nicht Großmannssucht, die sie zu derlei Entschlüssen trieb. Alles war sehr genau überdacht und bewusst entschieden. Die Imme entschied in jeder Lebenslage bewusst und mit Konsequenz.

Manche nannten die Farbe Sterbeblau, weil zum Sterben schön und ungemein zart gegen Grau sich neigend, doch nur so weit, um genug anderes darauf erblühen zu lassen, wie diesen wolkigen Rosenhauch über der himmlischen Blässe, ein sanftes Perlmuttleuchten, das selbst dem edelsten aller Wesen genehm und gemäß hätte sein können, so perfekt hatte die Imme gewählt. Leicht irisierende, schimmernde Helligkeit, die als das himmlischste Himmelblau zu bezeichnen war, das es je gab, mit einem Hauch Sonnenauf-, Sonnenuntergang, etwas von allem.

Die Imme liebte den matten Glanz, die raschelnde Steife des Tafts und diese Farbe, die so souverän gewählt war. Sie, die sonst bloß für die Kinder der Reichen Kleider verfertigte, Roben für das Posieren vor Staffeleien, zum Modellsitzen für ein Gemälde, damit auch spätere Generationen schauend, erschauernd davon erzählen konnten: Seht doch, wie hübsch die aussahen damals, wie fein und wie geschmackvoll sie sich kleideten! Wie mächtig sie waren, wie schön!

Sie dachte an jene Herrschaft, die alles von ihr erwartete, was sie besaß: Vorstellungs-, Herstellungs-, Schöpferkraft; in einem Handwerk, das eigentlich unbezahlbar und dennoch so karg entlohnt war. Als Näherin, Bildnerin, denn als solche fühlte sie sich, gelang ihr der Zauber, entstehen zu lassen was vorher nie war. In ihren Gedanken, dachte die Imme, nur in ihren, entstand erst die Schönheit der Vornehmen, Edlen. Sie waren ihr Werk.

Die wohlverdienten Groschen drehte sie dreimal um, wenn sie für sich das Einfachste in bescheidenstem Stil erstand und entwarf. Sie wollte nicht auffallen, durfte es nicht; außerdem hielt sie derlei für Sünde. Aber ein Kind? War es auch nicht das ihre, das Kind ihrer Wahl musste das Schöne als ein Vertrautes erleben, als Selbstverständlichkeit. Nur so konnte es werden wie sie es für sich einst vergeblich erhofft. Selbstbewusst, gewandt und gelassen, so wie die, für die sie sich täglich die Finger zerstach. Mit einem Kind würde sie dieses Ersehnte erreichen, ihrer kleinen, beschränkten Welt ein Licht aufsetzen, und alle sollten es sehen. Es ging ihr nicht darum, mit ihren Ideen zu punkten. Ihre Familie wollte sie ehren damit, dem Ansehen armseliger Einwanderer etwas hinzufügen, das sie für unerlässlich hielt. Es musste gelingen!

Die Imme dachte praktisch. Drei Jahre alt war das Bruderkind. Konnte man so ein Dreijähriges denn nicht formen nach eigenem Willen und eigenem Geschmack? Konnte man es nicht, so wie jeden anderen Stoff, zurichten, ändern, verzieren, verschönen? Und wenn dies gelang, es darstellen oder darstellen lassen, in einen Rahmen passen, so wie die Vornehmen ihre Kinder in Rahmen fassen ließen auf ihren Gemälden? Hätte sie, Imme, erst einmal so ein Modell, in ihrem Falle ein Kind, dann konnte man selbstverständlich selber bestimmen, wie es aussah, wie es wirkte und sprach. Man konnte alles tun für ein Kind, was man selber nie und nimmer für sich hätte tun können. Der Imme fehlte es nicht an Ideen. Ihr schwebte einiges vor.

Sie erinnerte sich an ein Ölbild in jenem Salon, zu dem sie, nur durch eine offene Tapetentüre getrennt, ihren Blick zwischen Nadelstichen hinüber und zu ihrem Traumkleid erhob. Erinnerte sich an die Tage bevor das Gemälde entstanden war, nicht durch die Hände des Künstlers allein; nein, auch durch ihre Hände und ihr Geschick! Das Kleid für die abgebildete junge Dame war allein ihr Entwurf und ihr Werk gewesen. Was sie sich damals geschworen? Nicht nur für andere zu denken, zu arbeiten, die damit prunken würden, jahrhundertlang. So ein Familienerbe, Mythos, war auch für die Ihren zu schaffen, wenigstens in Form einer Photographie...

Die Imme hatte den Preis jenes Ölbilds nie erfragen können, derlei schickte sich nicht für eine Schneiderin. Photos jedoch waren leicht zu erwerben, Papier billiger als Leinwand und jene vielleicht ohnedies fragwürdigen Maler hinter den Staffeleien. Sie vertraute auf ihr Fingerspitzengefühl. Ein erstklassiger Photograph musste es sein, keinesfalls ein gewöhnlicher, der das Kind ihrer Wahl für Generationen verewigen würde.

Wie hatte sie gearbeitet und gespart, um möglichst viel von der taftenen Herrlichkeit kaufen zu können! Und wie immer vor jeder neuen Kreation war sie durch Galerien gelaufen, hatte Gemälde betrachtet, Bühnengewänder und die zarten Gebilde der Ballerinen. Volants, die tatsächlich fliegen konnten und wehten bei jeder Drehung, auch wenn kein rauer Wind in sie fuhr und sie aufhob. Die Imme träumte von Schönheit, von Eleganz.

Den Künstler hinter der Kamera hatte sie sorgsam gewählt. Das von ihm dargestellte Modell jedoch würde ihr Kunstwerk sein. Also durfte sie, musste sie, war es Idee und Auftrag, dies alles zu Ende zu bringen. Und selbstverständlich hatte sie die Wahl jenes Ateliers auch wegen des Namens getroffen: *Wähle dein Bild.*

Heimlich hatte sie für diese Robe Maß genommen, im Frühling, als auf dem Land das Gras zu sprießen begann. Das Bruderkind war, so argwöhnte die Imme, den anderen ohnedies eine Last. Ihm hatte sie damals ihr Maßband um den winzigen Leib gelegt und das, was noch nötig schien, vorsorglich hinzugerechnet wegen des Wachstums. Hatte sie damals doch längst gewusst, wie ihr Geschöpf aussehen würde im Perlmutthauch jenes blassblauen Traums, den sie wählen würde, in der schönsten Farbe der Welt, in

Sterbeblau. Und wie sie das Kind vor der Kamera drehen, wenden, Ärmchen heben, lächeln oder knicksen lassen würde. Gerade drei Jahre alt würde es sein zu dem Zeitpunkt, genug immerhin, um als Aushängeschild jenes teuren Stadt-Ateliers zu gelten, das Imme für eines der vornehmsten in der Stadt hielt, was es vielleicht auch war. Da scheute sie die Kosten nicht. Sie schnitt und nähte, rüschte, fältelte, raschelte mit der Seide und wartete auf den von ihr bestimmten strahlenden Sommertag.

Da stand nun endlich das ganze lebensechte Projekt vor ihr. Es war nicht schwer gewesen, das Kind mitzunehmen, die Tränen seiner Mutter störten nicht, weil die Imme sich ja als Wohltäterin erwies und nichts als nur Gutes dachte. Es störte auch nicht der cholerische Einwand des jungen Vaters. Die Imme war immer stärker als ihre Geschwister gewesen. Ihr bestes Werk würde von nun an das Kind sein, ein neu erdachtes, neu zu gestaltendes Menschenwesen. Die erste Lektion auf seinem Lebensweg war das von Imme erdachte Kleid. Dazu fehlte noch Gemessenheit in der Bewegung, feines Benehmen, Lächeln und Höflichkeiten, die erst gelernt werden mussten; und jene Selbstverständlichkeit des Umgangs, die das nötige Rüstzeug bot für ein besseres Leben: Schühlein, Täschchen und Seidenschleifen im Haar waren selbstverständliches Beiwerk.

Die Imme freute sich über die Fügsamkeit des winzigen Dings, über seine Geduld; freute sich über die Heiterkeit, die von Natur aus ihm eigen war, was mit ihren eigenen Zielen übereinstimmte: nämlich alles anzunehmen, was gut schien und was sie, seine Gestalterin, ihm bot. Dass das Ergebnis der ganzen Aktion der Dreijährigen später strikt vorzuenthalten war, verstand sich von selbst. Denn Eitelkeit war verwerflich, erst recht für ein Kind. Um Fotos zu betrachten war es ohnedies noch zu jung, und die seidene Pracht würde gleich nach der Ankunft auf dem Land im Schonbezug, naphtalinbestreut, ruhen für immer. Bis das Kind groß und alt genug sein würde, dachte die Imme, um zu erkennen, was Familientreue und höheres Streben vermag...

Der Photograph tat was seine Aufgabe war: er photographierte. Drückte sechsunddreißig Mal stehend, kniend, hopsend auf seinen Auslöser, während Immes Erziehungsmodell in sterbeblauem Rauschetaft Positionen wechselte, Haltung und Mienenspiel, Hand und Fuß einmal her, einmal hin; dazwischen lachte, plauderte und guter Laune war. Dies alles würde das Kind ihr verdanken, dachte die Imme. Ihr, die selbst nie geboren hatte – und die nie und nimmer – ein eigenes, nagelneues Menschenkind den Abhängigkeiten und Sklavereien dieser unguten Welt überantwortet hätte.

Sisnix und Teufelszwirn

In dichten Kaskaden hing das wilde Gestrüpp über die Lösswand, staubgrau verkrustete Schnüre. Verdorrtes Blattwerk raschelte und irritierte die Augen im Sommerwind; darunter Moder, mit verrottetem Altlaub zu grauem Gewölk vermengt. Doch obenauf, an meterlang hängenden Peitschen, feurig und teufelsrot, eine unübersehbare Menge länglich-winziger Perlen, ohne die diese Gasse niemals gewesen wäre was sie war, mit dem unentwirrbaren Wust von Gestrüpp an ihrer Seite, den aberhunderten glühenden Fünkchen darauf, die sich hinter halbgeschlossenen Lidern bis in die Tiefe des kindlichen Bewusstseins hinabließen und nicht mehr auszulöschen waren, so schmerzhaft brannten sie Jahre danach noch im Gedächtnis.

In wie vielen Nächten schlug sich in Träumen nieder was damals geschah! Das seidige Himmelslicht weggezogen von der unruhigen Stirn; als hätte der Atem vergessen, ein Atem des Lebens zu sein, eher einer des Todes, so zog er sich wie ein schnurharter Strang um das Herz, um die flatternde Lunge, die vollgepumpt war mit Angst und ekligem Staub.

Die kurze Kellergasse war einstmals Hohlweg gewesen, später, wegen der Fahrrinnen, und um die Fuhrwerke bei Matschwetter nicht versinken zu lassen, in der Mitte mit Plastersteinen belegt. Rechts wiesen dem Fußgänger weißgraue Mauerrücken den Weg, links die graugelbe Lösswand, von halb verfallenen Löchern durchzogen, alten Weinkellern mit ehedem grüngestrichenen, windzerschlissenen Türen unter dem Teufelszwirn, von ihm überwuchert.

Selten ging einer von uns ohne Beklemmung durch diese tief gelegene Gasse, kletterte nicht ohne Seufzer die steilen Stufen hinauf, zwischen dem Überhang grün rankenden Strauchwerks auf der einen und Teufelszwirn auf der anderen Seite, um sich dann oben, plötzlich geblendet vom Licht, am Rand einer spitzwinkeligen Straßenkehre zu finden, abschüssig und wegen der jähen Kurve gefährlich. Dennoch musste man weiter und konnte kaum ausweichen, wenn von oben her donnernd ein Militärfahrzeug entgegenkam, das sich gerade noch einbremsen konnte mit Getös; Staub aufwirbelnd, schlingernd und quietschend die Kurve schnitt und dann ratternd davonfuhr. Es soll schon einmal vorgekommen sein, dass malträtierte Bremsen nicht hielten was sie versprachen, dass so ein Fahrzeug, wenn es von Ortsunkundigen sorglos gelenkt war, im Bogen über die Böschung hinausschoss, sich also – *salto mortale* – mit Schwung in die hohlwegartige Kellergasse hinunterkatapultierte. Der Teufelszwirn hielt ihn nicht auf.

War dort ein Kind unterwegs, weil es die Stiegen hinauf und einmal oben, nach Hause wollte, sonst nirgendwohin, fürchtete es zwar nicht jedes Mal die Gefahr, trug diffuse Ängste aber doch lange genug, auch viel später noch, hinter der Stirn, weil die sich eingeprägt hatten, nächtens verhängnisvoll vertieft durch Imagination und Wiederholung.

Der Teufelszwirn, dieses Niemandsland zwischen oben und unten, wurde viel später erst ausgeholzt, lang nach dem Krieg. In dieser Zeit aber, von der hier die Rede sein soll, prägte er als Kulisse eines Alptraums sich ein, jeden schöneren Traum überdauernd.

Fuhrwerke, bei Bauern tagaus tagein im Gebrauch, hätten kaum einen Fußgänger jemals erschreckt. Gemächlich kamen die Leiterwagen daher, und außer Rädergeknirsch, Gewieher, Geklapper auf Schotter und Sand wäre wohl nichts gewesen. Ja selbst ein militärisches Lastfahrzeug wäre nur halb so furchterregend dahergekommen; all das war üblich und bekannt, so dass man eben ein wenig zur Seite sprang oder zurück auf die Stiegen; kaum jemals in der Geschichte stürzte einer vor Schreck dort rücklings hinunter; auch nicht an jenem Tag, denn die Stufen waren bereits erklommen, und heimzu sollte es gehen, die allmählich steigende Schotterstraße hinauf und hinüber zum Hügel.

Haben Sie jemals Pferderennen besucht? Mit aufgerissenen Augen die gestreckten Leiber der Tiere geschaut, das weite Ausholen der Läufe, die Rücken der Jockeys waagrecht vornüber federnd zwischen den Mähnen? Dahinter das Sausen schwarzer Schweife im Wind? Weit ausgeworfen im Flug, beinah unsichtbar wegen der Schnelligkeit greifen die Hufe, sie berühren den Boden kaum. Scheinbar schwerelos fliegen sie durch die Luft, hinter ihnen ein Geschleuder weißlichen Speichelschaums, Flocken, zerstiebende Wölkchen unter dem Himmel. Raserei und Wahnsinn in reinster Vollendung.

Woher sie damals diese Pferde hatten, erklärte keiner; es gab aber innerhalb der deutschen Kavallerie auch solche. Natürlich waren sie rar, pure Verschwendung, Tierquälerei; denn die Renner wollten geritten werden. Da hatte sich einer der Offiziere – war es ein Auftrag, war es Willkür, wer weiß – seinen eigenen Höllenritt ausgedacht; verrückt, nur um so ein Prachttier einmal zwischen den Schenkeln zu haben, es zuschanden zu reiten auf Straßen, die nicht gemacht waren für Machtgelüste dieser Art, Ausgeburten des Teufels. Der ortsübliche Schotter verbot derlei Experimente. Doch da gab es kein Halten. Die schlechte, unübersichtliche Straße hätte gesperrt sein müssen; vielleicht war sie es auch, aber was wusste denn schon ein Kind.

Die wilde Jagd kam von oben. Schoss dem, der eben die Stiegen herauf und erst wenige Meter die Straße entlang unterwegs war, durchs Gehirn wie ein brennender Pfeil. Die Hufe flogen hoch durch die Luft, weil die Straße so abschüssig und der Schrei des wild gewordenen Reiters wie der eines tollwütigen Tiers den Ohren des Rosses schmerzhaft und fürchterlich gewesen sein musste, noch schneller bergab in die spitzwinklige Kurve. Weil die Nerven ihm durchgehen mussten! Doch das war nicht zu ändern, auch nicht mit diesem Schrei, der nichts als ein Schreckensschrei war und keine Warnung, denn die kam zu spät. Nichts hätte in diesem Augenblick den rasenden Renner zum Hochsprung zwingen oder sonst wie befehligen können; er befehligte sich auch nicht selber, das heißt, es geschah ganz einfach, wenige Meter vor jener Kehre, jenseits der nur mehr Teufelszwirn war. Der Abgrund, sonst nichts.

Das Pferd gehorchte nichts anderem als seiner herrlich pferdischen Natur. Mit einem Sprung! Das Kind war zu Boden gegangen, verdreht unter dem hohen Bogen des fliegenden Leibs, der ausgreifenden Hufe, der schwarzbraunen Verfinsterung eines Himmels, der nicht halten konnte in diesem Fall was er Kindern versprach; nur aufgewirbelten Staub und die Ahnung einer dunklen, verwischten Fellzeichnung unter tierischem Bauch. Dann nichts als nur Nacht. Der Schrei von hoch oben gellte noch wilder auf in der Kehre, blieb eine Weile hoch in der Luft, entfernte sich und verhallte. Der aufgewirbelte Staub, die graugelbe Wolke zerstob und zog sich als dichter Schleier weithin in der Sommerglut. Das Blumenkleidchen am Straßenrand flatterte und lag dann still. Was darunter war, rührte sich nicht.

Über das verwitterte Lattentor des Hofs gegenüber – reglos – äugte die Lammerin. Dann knarrte das Holz in den Angeln, und sie schob sich heraus. Blau umspannte ein hochgebundener Baumwollschurz den breiten, blaugewandeten Leib. Ein blaues Tuch, im Nacken verknotet, umgab ein glattes, rundes Gesicht. Schon schoben sich die bloßen Füße der Frau in erdfarbene *Schloaka,* die hinter der Plankentür standen, und die trotz, vielleicht auch wegen des weichen, federnden Fleisches darin beinah lautlos über den Schotter kamen. Umsichtig überquerte die Lammerin die noch staubüberwölkte Straße. Zögernd, so als trüge sie längst nicht so schwer am eigenen Körpergewicht als – in der Vorausschau – an der Last eines Toten.

Die Lammerin betrachtete was zu betrachten war und ließ sich langsam zu dem Kleiderhäuflein herab. Berührte mit Fingerspitzen den Stoff auf der mageren Schulter, strich dem Kind über die Stirn und über die starren, halb geöffneten Augen. Der Puls musste aber doch spürbar gewesen sein, die Adern durchblutet. Ich konnte hören, doch nicht ganz verstehen was sie vor sich hin zu wispern begann, sah nur ein hellgrün leuchtendes Augenpaar. Lachten die, dachten die? Worüber dachten sie nach?

Sisnix, Sisnix, wisperte die Lammerin vor sich hin, zog ihre Mundwinkel wie eine Schale zu beiden Seiten hoch und ließ nicht ab von dem Zauberwort. Hätte sie *Sesam, öffne dich* vor sich hingesagt, wäre die Wirkung nicht anders gewesen. Denn plötzlich löste sich etwas in mir, durchbrach den Schock und den Krampf. Die Lammerin fasste nach der staubigen, sperrigen Hand und tat so als bettete sie etwas hinein, vielleicht einen magischen Schlüssel. Damit bewegten sich ein, zwei der Knöchelchen, waren zum Leben gekommen. Zugleich mit der Hand tat sich von selber der Mund auf, um einen Laut hervorzubringen; doch war da auch schon der Zeigefinger auf den Lippen der Frau. Nichts reden, nichts sagen, nicht klagen, mochte das heißen. Nichts tun...

Sisnix! Dieses Wort überzeugte, ja überwältigte mich. Die Gewissheit, etwas als wahr oder als richtig zu erkennen, liegt ja oft ohnedies weniger an eines Menschen klärendem Sinn, eher am Glauben und am Vertrauen. Die Lammerin hob meine Hand auf und schob ihr die eigene unter, die warm war, weich und sehr rund; und roch wie ein Bündel Heu. *Sisnix, sis eh nix* wiederholte sie so lang, bis sich herausstellte, dass tatsächlich auch meine Beine intakt waren, die Füße beweglich und also bewegt, auftreten konnten und nicht wieder einknickten. Die Hufe hatten das Kind nicht getroffen. Außer Schürfstellen da und dort gab es keine Wunde.

Lautlos war das Lachen der Lammerin. Sie strich über mich hin und schüttelte den Staub aus meinem Kleid; zwängte mir ihren gewaltigen Arm unter die Schulter, um ein Federgewicht zu halten, zur Not es zu tragen. So tat ich die von ihr befohlenen Schritte, der Weg bergauf begann. Es dauerte nicht lang, dann waren wir oben.

Es gibt keine Zauberwörter, dachte ich später. Doch geheime Wortschlüssel gibt es, Aufstehhilfen nach all den Hufschlägen eines Daseins. Aber nie ist es bloß ein Wort, das den Schlüssel umdreht in uns, die Starre löst und den Willen emporhebt; es ist sein Klang, jener besondere Laut aus eines Menschen Mund, wenn er Anhauch des Lebens sein will und deshalb auch sein kann.

Die Lammerin habe ich später noch manchmal gesehen. Im hochgeschlagenen Schurz verbarg sie meist Essbares wie nestfrische Eier, wenn sie vor unsere Tür kam. Wurde sie meiner gewahr, erschien wieder jener hellgrün leuchtende Blick im mondrunden Gesicht, so wie damals; auch der Zeigefinger auf ihren Lippen, auf dem in beiden Ecken schalenförmig hochgezogenen Mund: Nichts sagen, schien der mir zu deuten, nicht klagen, nichts...

Meierleins Sterne

Die Sterne fallen vom Himmel, sagte Frau Meierlein und faltete andächtig ihre Hände über der Brust. Glauben Sie mir, sie fallen herunter, und das jede Nacht...

Frau L. wusste darauf keine Antwort. Durch das verrostete Gartengitter von der redseligen Nachbarin getrennt, blieb sie über die leuchtenden Erdbeerbeete gebeugt und legte die reifen Früchte in eine Schüssel.

Als die Himbeeren reiften, war Frau Meierlein wieder am Zaun und erzählte ihre Sternengeschichte. Sie verdrehte die Augen dabei. Niemand in der Welt, so meinte sie, sähe nächtens schönere Sterne als sie. Das ist aber fein, sagte Frau L. und ging mit den Himbeeren ins Haus.

Es kam die Pfirsichzeit und der Herbst. Vielleicht möchte sie etwas von dem Obst, meinte Herr L. und legte die Zeitung weg. Am besten, Du reichst ihr einen Teller voll über den Zaun, vielleicht freut sie sich und ist zufrieden.

So war es. Frau Meierlein brach die begonnene Schilderung ihres nächtlichen Himmels ab, langte nach dem freundlich dargebotenen Obst und verschwand damit hinter ihrer eigenen Tür.

Herr Meierlein war ein stiller Mann. Zeitig am Tag schon verließ er das Haus und kehrte erst abends zurück. Dann trottete er schwerfüßig und mit Staub bedeckt an den Hecken vorbei. Rot und zerschunden hingen seine Hände herab. Wenn einer der Nachbarn hinüberschaute, um ihn zu grüßen, dankte er leise und sah schnell weg.

Frau Meierlein verfügte über eine kräftige Stimme, daher war auch jenseits der Zäune nicht zu überhören, was sie den Leuten – Frau Huber, Frau Kühn und Frau Ehrlich gingen eben vorbei – erzählte. Die Sterne fallen vom Himmel, rief sie voll Freude aus. Sie fallen vom Himmel jede Nacht! Die Frauen nickten ihr freundlich zu und strebten eilends zum Dorf hinunter.

Herr Meierlein war Straßenarbeiter. Einmal saß er auf einem Schotterwagen hoch oben, von dem er, Gott weiß warum, plötzlich herabfiel. Auf einem Schotterhaufen kam er zu liegen. Dort fanden sie ihn und führten ihn weg. Er hatte sich ein paar Knochen gebrochen. Frau Meierlein machte ein betrübtes Gesicht, als sie herüber zum Gartenzaun kam und nach der Obstschale fasste. Im Spital ist er, seufzte sie resigniert und ihre Schultern zuckten: Was sagen Sie jetzt? Ein kranker Mann. Ach Herrje!

Als Herr Meierlein wieder heimkam, humpelte er mit Stöcken und schliff beim Gehen seine Schuhsohlen über den Weg. Er hielt die Augen gesenkt und antwortete selten auf einen Gruß. Frau Meierlein aber sagte zu Frau Huber und zu Frau Kühn, so als hätten die es nicht ohnehin gewusst. Jetzt schauen Sie sich so etwas an! Er hinkt. Von Sternen war von da ab nicht mehr die Rede.

Langsam genas Herr Meierlein. Legte den einen Stock weg, erst viel später den anderen. Manchmal torkelte er über die Straße, und wenn er besonders arg schwankte, rief seine Frau ihm etwas nach. Es war klar, dass es keine lobenden Worte waren. Geh ins Haus, ätzte sie und wurde von allen gehört.

Als Herr Meierlein seiner Arbeit wieder nachgehen konnte, kam er eines Tags während des Schotter-Abladens unversehens ab von der gesicherten Stelle; taumelte ein wenig, und weil er nicht schnell genug ausweichen konnte und in dem Staub auch wenig zu sehen war, erfasste ihn ein vorbeifahrendes Auto und zog ihn ein gutes Stück mit.

Diesmal blieb er lang weg. Nach Monaten erst brachten sie ihn zurück. Von da an bekam niemand ihn zu Gesicht. Stattdessen hörte man aus dem Haus der Meierleins oft Frau Meierleins Stimme, wie sie an- und wieder abschwoll und manchmal solche Höhen erreichte, dass selbst dem Enkelkind der Frau L. die Gänsehaut über den Rücken lief. Zur Himbeerernte beklagte Meierleins Frau mit ernster Miene ihr Los, als sie, wie gewohnt, die frischen Früchte entgegennahm. Für Herrn Meierlein sind die, sagte Frau L., vielleicht macht ihm das doch ein bisschen Freude...

Sie haben ja keine Ahnung, unterbrach sie die Frau, wie viel Ärger ich habe mit ihm. Er arbeitet nicht und ist wirklich zu gar nichts nütze. Das war im Sommer, als sie das sagte, und im Herbst, als die Äpfel rot wurden, sagte sie es wieder.

Im folgenden Frühling, die Erdbeeren hatten eben

wieder zu blühen begonnen, erschien Herr Meierlein endlich wieder vor seinem Haus. Er wirkte jetzt kleiner als früher, seltsam geschrumpft, und hing über seinen Krücken wie ein Bündel knittriger Kleider. Er antwortete nicht auf Fragen, sah lange zum Himmel, über den ein paar Wolken zogen, und verschwand lautlos hinter der Tür. Die Sterne, dachte das Kind hinter der Hecke. Er schaut aus nach den Sternen, aber es ist helllichter Tag...

Wieso fallen bei denen Sterne, fragte es später die Großmutter, bei uns aber nie? Unsinn, kam prompt die Antwort, als es mit dieser Geschichte wieder begann. Fallende Sterne, die gibt es nicht. Höchstens Sternschnuppen, aber die sind nie zu sehen hier drin in den Zimmern. Sternschnuppen, das weiß ein jeder, bedeuten Glück. Sie hat es aber gesagt, beharrte eigensinnig das Kind. Immer wieder hat sie es gesagt! Oder meinst Du, sie hat damals gelogen?

Gelogen? Frau L. wischte sich mit dem Taschentuch über die Augen und sah nachdenklich drein. Nein, so sollte man das nicht nennen. Vielleicht ist es, sagte sie, seltsam melancholisch, vielleicht war das bei Frau Meierlein einfach so etwas wie ... Poesie...?

Herr Meierlein übte das Gehen. Als er endlich so weit war, dass er ein paar Treppen erklimmen konnte, erklomm er den Dachboden seines Hauses und kam nicht herunter. Sie fanden ihn zwischen den Balken hängend, einen Strick um den Hals.

Aber Sternschnuppen, dachte das Kind verwundert, das bedeutet doch Glück! Dann muss das Glück also..., und es schauderte vor dieser plötzlichen Einsicht: Dann muss das Glück ja so etwas wie Unglück sein! Gott behüt'! Und sollten wirklich einmal Sterne in unsere Zimmer fallen, dann darf man es ja nicht – verschrei'n...!

Gefahren und Lebensmut

Was nie ganz geheuer und selbst den Erwachsenen oftmals ein Gruseln entlockt? Unterirdisches, das man nicht sehen kann, immer nur ahnen jenseits der fassbaren Welt, dem eigenen Sichtkreis entzogen und voller Gefahr.

Jenseits des Alltäglichen, das es mit einigem Recht zu kennen glaubt, vertraut das Kind seinem aufgeschlagenen Atlas und dessen Erklärer, der, ähnlich dem mythischen Weltenträger, seine zwar nicht vom Olymp, sondern lediglich von den Menschen aufgebürdete Last der irdischen Welt ganz selbstverständlich zu tragen scheint. Der Geograph macht alles sichtbar, das Erdenrund innerhalb seiner Planetenbahn, die braun, gelb und grün papierenen Kontinente, das viele Blau auf den Karten mitsamt allem übrigen, das in dem Riesenbuch ganz wunderbar aufgezeichnet erscheint.

Der Mann macht erkennbar, benennbar was unsichtbar ist und geheimnisvoll; die Vulkane und was sonst noch unter der Erde schwelt, klafft oder gluckert, dampft oder sprudelt, und den Neulingen auf dieser Welt gewaltigen Respekt, mehr noch, Furcht einflößt, selbst da, wo es längst verstanden, vertraut sein sollte als ein Gegebenes: Menschliche Lebensräume und die Lebenswelt anderer Wesen, Pflanzen und Tiere, besonders aber die Erdkugel selber, das feurig Flüssige in ihr, das aus dunklen Schlünden steigt, brodelnd aus heißesten Höllen und manchmal hochschwappend mit Macht, deren Funken sprühender Glut nur mit äußerster Vorsicht zu begegnen sei, erklärt der Geograph. Besser, man bleibe dem fern, denn da war einmal...

Der Mann nennt Beispiele, erzählt wahre Geschichten. Das Schreckliche zeigt sich nicht immer sofort, meint er. In unserer Gegend, die Milch und Honig hervorbringt und gutes Brot, ist auch der Boden ziemlich fest unter den Füßen. Einigermaßen, schränkt er ein, und mit Vorsicht gesprochen.

Ob er denn selber mit eigenen Augen so eine glühende Masse gesehen, das Kochen des Bergs, das Donnern heißen Gesteins? Ob da seine Haut nicht verbrannt, sein Haar nicht weiß geworden sei vor Asche und Angst?

Weiß sei völlig normal, lacht der Geograph verhalten, ob mit oder ohne Asche eines Vulkans, davor brauche einer sich nicht zu fürchten. So oder so verliere der Mensch seine Farben, das heißt, wenn ihm Zeit dazu bleibt. Denn manchen ereilt sein Schicksal schon vorher, mitsamt seinen schwarzen Haaren, mitsamt seinen blonden.

Das kindliche Denken gerät ins Schwanken, verhängt sich in Schlünden, haftet an brenzligen Stellen, nicht nur des Ätna wegen und des noch gefährlicheren Vesuv. Denn weiter, viel weiter taumelt das furchtsame Herz, bis an die Hänge des schrecklichen Krakatau, zu Explosionen der Hölle, rot glühenden Funken. Feuerflüsse durchziehen seine eben noch heil gewesene Welt, in der es trotz allem zu leben gilt, zu lachen und sich zu freuen.

Das kochende Innere der Erde, aber auch manches andere, das nicht zu ändern sei, müsse einer nicht fürchten, auch nicht die rauchenden, dunklen Atemlöcher der Erde, sagt der Geograph. Die seien zu akzeptieren. Doch werde gar manchem ein scheinbar Harmloses zur Gefahr, ja selbst ganz gewöhnliche Wege können gefährlich werden unter den Sohlen.

Die Neulinge in dieser Welt halten den Atem an, und der Mensch da vorn, vor der Mond- und Sternenkarte, lenkt ein.

Eben daraus, sagt er, und sein Blick streift sanft über die erschrockenen Gesichter. Eben aus dieser Angst heraus erwächst einem Menschen die Kraft, Schrecknisse zu bestehen. Wer nie Angst gehabt hat, wird nie ein starker, besonnener Mensch sein. Ihm fehlt die Erfahrung. Denn nur aus der Angst heraus, aus jeder der zahllosen Ratlosigkeiten, Schwierigkeiten des Lebens, entwickeln die Menschen Ideen und Strategien. Immer öffnen sich Auswege aus einer Gefahr, Möglichkeiten, wie dem Schrecklichen zu begegnen sei. Das schließlich sei Lebenskunst, nämlich von der eigenen Angst zu profitieren; sie umzuwandeln in Vorsicht, schließlich Gelassenheit; ein Vorteil, von der die Furchtlosen unter uns nichts ahnen.

Jeder, selbst der Schwächste unter den Schwachen, setzt der Geograph munter fort, könne Kräfte in sich entdecken, Auswege finden; könne Pläne schmieden, entscheiden, wie Situationen aller Art zu begegnen sei. Bevor noch der erste Lavastrom zischt und aufsprüht im Funkenregen von Nachrichtenmeldungen, Zeitungsnotizen und Ähnlichem, bauen sich in ihm

Gedanken auf, Abwehr und Strategie. Um eine Gegenwelt aus der Kraft seines Innern zu schaffen, vorausgesetzt, dass er Gefahren auch wirklich erkennt. Denn das ist Bedingung, damit alles funktioniert: Die Augen offen halten, alles Wissenswerte ergründen! Die Furcht wird dann vielleicht groß sein, bald aber immer kleiner werden. Man wird Gefahren ins Auge sehen und tun, was man kann.

Doch ist nicht alles Gefahr, was auf uns zukommt. Überwiegen wird, mit Gottes Hilfe, die Freude. Nur müssen wir klug und gelassen sein; und mutig genug, um zu lernen was immer zu lernen ist. Nämlich richtig zu leben. Erkennen was ist in der Welt, was in uns und um uns herum geschieht, um klug zu entscheiden; mutig genug, nicht nur für sich selber, sondern immer auch für andere, die unsere Hilfe brauchen, das Beste zu tun.

Altvordere Mahner, schützende Geister! Wir alle haben und leben von dem was sie waren und in uns sind.

Holzstöckelpflaster

Wenn, plötzlich leiser geworden, dein Fuß auf Holzgrund traf, durch unerklärliche Schwingung in einen Zustand wie Trance geriet auf dem warmen, von so vielen Füßen getretenen, in so vielen Jahren zu seidig-dunklen Flächen poliertem Holz, ein wenig bucklig vielleicht; hieltest du inne. Und in einem einzigen Augenblick wurde dir klar und bewusst, wo du warst, wie und wer, und es hat dich verändert.

Es gab zwar auch damals nicht viele solcher herrlichen Stellen in der Stadt, aber jedes Mal, wenn du an eine von ihnen gerietest, deinen Schritt ganz plötzlich gedämpft vernahmst, aus steinernen Härten ins Weiche, aus Lautem ins Leise kommend, in eine alle Schönheiten einer besseren Welt verkörpernde Stille, verwandelte das dein Gefühl und du gingst wie auf Wolken. Erfandest dazu den Duft, vielleicht so etwas wie die Ruhe des Seins, eine immerhin mögliche Harmonie, auch wenn die, streng von außen besehen, gar niemals eintrat. Vorweggenommen in guten Gedanken war sie da. Die Luft, die ganze schöne, städtische Atmosphäre war verwandelt damit; neben dir, unter und über dir, und sie hat dich verzaubert.

Wenn auf Holzstöckelpflaster ein Pferdehuf traf, dieses Getrappel, Geklapper von Hufeisen oder Rädern plötzlich auf warmem, federndem Holz! Wie der Klang dir da eingab, was auch die Pferde spüren mussten und sichtbar machten durch einen gemessenen Gang, zurückgenommen die Wildheit, ihr aufmüpfiger Widerstand. Denn es war nicht mehr Stein, nicht Granit, auf dem ihr geschundenes Leben jetzt seine Bescheidung fand, war nicht stinkender Teer für die Lungen, auch weniger andere Beengungen des Gefühls. Dem sanfteren Holzton nachhängend, jenem vorweggenommenen sphärischen Klang, erkannten Mensch und Tier, da wo sie sich gerade befanden, und dass es gut da war, wo sie gingen, oder auch nur auf der Stelle traten.

Das Holzstöckelpflaster gab das gedämpfte Getrappel der Hufe wieder. Und ich setzte die Sohlen auf mit Bedacht, links, rechts und wieder links, und so fort. Das war an der Stelle, wo von Gumpendorf her die breite Straße zum Ring hin zum schönen Bogen ansetzt und ich an der Hand meiner Tante, von der Laimgrubengasse kommend, auf dem Weg in den Kaiserpark war, der später – prosaisch – einfach Burggarten hieß, Holzstöckelpflaster unter den winzigen Schuhen. Eine Entdeckung unbeschreiblicher Art, die das Lebensgefühl eines vier- oder fünfjährigen Kindes sehr wohl zu differenzieren vermochte, Farben und Phantasien einzufädeln begann für das große Sticktuch des Lebens, leise und wunderbar. Anders als alles, was vorher gewesen war unter den Füßen: staubige Schotterwege auf offenem Land, vom Frost oder Regen bucklig und schlüpfrig gewordene Pflaster, wechselnd mit bloßem Lehm oder tiefem Morast. Das Holz hier war sauber und ebenmäßig. Elegant, urban. Aber solche Begriffe kannte das Kind nicht, fühlte sie nur, ohne zu formulieren.

Jetzt trifft mein Schuh auf Beton. Nach drei Vierteln eines Jahrhunderts ist die Stadt ja nicht mehr dieselbe, das Holzstöckelpflaster fortgeschwemmt von dem Zeitfluss; und anderes, Härteres, ist an seine Stelle getreten. Auch wir sind ja nicht mehr dieselben. Das Weiche, Sanfte in uns ist Rauhem, Unnachgiebigkeiten und fremder Glätte gewichen, die weh tun müssten, nähmen wir sie nicht manchmal aufs Korn.

Der silberne Schlüssel

Wie er das Silberplättchen behutsam in seine Hand nahm! Wie seine wendigen Finger es um und um drehten, befühlten, betasteten! Wie seine braunrosa Kuppen die winzigen Flächen polierten, mit einem Tuch, in dem das Silberplättchen fast völlig verschwand, so zart, so klein war es und so leicht. Wie er das Werkzeug, das für die feine Arbeit vonnöten war, sorgsam zusammentrug, um es, wenn alles still blieb am Nachmittag, eilig hinauf in seine Mansarde zu bringen; um dann vor geöffnetem Fenster zu stehen und den Fichtenduft einzuatmen, der sich hinter dem Haus von der Felswand herabzog. Es war Mai.

Elio legte das winzige Silberding auf den Schreibtisch, schob diesen zu sich heran an die lichteste Stelle, damit ein Sonnenstrahl es beglänze, verzaubere; so wie es den ganzen Tag über seine Gedanken verzaubert hatte und immerfort Anreiz zu neuem Denken bot, zu stummem Hoffen und ernsthaftem Tun.

Ich mach dir ein Schlüsselchen, eines aus Silber, gebastelt von eigener Hand, hatte er ihr versprochen, In den kleinsten Schraubstock spann ich es ein, setze die Silbersäge nach genau gezeichnetem Plan. Und hab ich erst alle die Zacken und Rillen darin, stanz ich ein Loch für den Schlüsselring an der richtigen Stelle. Alles soll sein wie in Wirklichkeit, so wie der Schlüssel zu deiner Tür, nur viel kleiner...

So sprach Elio zu sich selber. Er lachte lautlos, so wie nur er lachen konnte. Hintergründig, verschwiegen.

Der Schlüssel sperrt etwas auf in uns. Bald wirst du sehen und wissen, wie das gemeint ist, murmelte er, nach außen hin unhörbar, doch laut genug für sich selber. Der Schlüssel sperrt auf und sperrt zu, ganz nach deinem Belieben...

Eingeweiht in sein Geheimnis war nur der Vater. Ihm hatte Elio seine Pläne anvertraut, sein Mädchen beschrieben, den rotblonden Lockenkopf und die lachen den Augen, die manches Schreckliche der Vergangenheit ihm verscheuchen würden, beinah so als sei es gar nie gewesen. Der Vater hörte aufmerksam zu, und stellte, neugierig geworden, einige Fragen. Das Einverständnis der Mutter würde länger dauern, das wusste Elio. Er ließ sich Zeit.

Als das Schlüsselchen endlich fertig war, fein geglättet, poliert und oft genug um und um gedreht – nur in Millimetern war es zu messen und auf den Tisch gelegt, kaum zu sehen – tat er es in eine Zündholzschachtel, weil ein kleineres Behältnis ihm nicht zur Hand war, und kleidete diese nach einigem Überlegen mit Seidenpapier aus, damit das winzige Ding sich in dem allzu großen Bett nicht verlor. Dann wikkelte er alles noch einmal ein und schrieb deutlich lesbar die Ziffer einundzwanzig darauf, mit dem Gedanken an Elianes Geburtstag.

*

Viel Zeit war vergangen. So wie an den meisten der vielen Geburtstage ihres Lebens, wollte Eliane auch an ihrem fünfundsiebzigsten dieses silberne Schlüsselchen betrachten, es herausnehmen wie sonst immer aus seinem Versteck, es um und um drehen, polieren und wieder hineinlegen in sein mehr als halbhundertjähriges Bett, das natürlich längst schon ein anderes war, weil das originale Behältnis die Zeit nicht so makellos überdauert hatte wie sein winziger Inhalt.

Von der Zeitreise ihrer Gedanken schwindlig und abgelenkt, starrte Eliane durchs Fenster in den frühlingsduftenden Hof. Die Sträucher, maiengrün, standen noch immer in Blüte; die Fliederdolden, schon abgeblüht, bewegten sich sanft im Wind. Sie betrachtete alles. Tief atmete sie ein und aus, um die Bilder der Vergangenheit, die vor ihr abzurollen begannen wie in einem Film, nicht abreißen zu lassen wegen der Müdigkeit, die sie dabei befiel. So geschah es, dass das Schlüsselchen ihren klammen Fingern entglitt, und Eliane sich, sehr erschrocken, auf ihre Knie niederließ, um es zu suchen. Die engen Ritzen im Parkettboden gaben es nicht mehr frei, und seine Besitzerin, schwindelig geworden vom langen Schauen, streckte sich auf dem glatten Holz aus und schloss ein wenig die Augen.

Sie öffnete sie erst, als die Kinder ins Zimmer sprangen. Die legten den Blumenstrauß, der für Elianes Geburtstag bestimmt war, zwischen Zuckerlöffel und Tassen auf den Tisch und halfen ihr auf die Beine. Was machst du auf dem Fußboden, Omi? Hast du etwas gesucht? Wir helfen dir suchen...!

Meinen Schlüssel, seufzte die alte Dame. Irgendwo muss er ja sein, vielleicht zwischen den Brettern.

Das hast du vielleicht geträumt, meldete der Älteste der drei seine Zweifel. Ein Schlüssel hätte ja keinen Platz in dem engen Spalt. Weit spreizte er seine Kinderhand, um auch den kleinen Geschwistern mit Daumen und Zeigefinger die Größe eines Wohnungsschlüssels zu erklären. Wenn er so groß ist, wie kommt er dann zwischen die winzigen Ritzen?

Ach, sagte die alte Dame. Er hat sich klein gemacht; kleiner noch wie dein Fingernagel, um sich vor mir zu verstecken. Eine Träne rollte ihr über die Wange, als sie das sagte. Sie dachte an Elio. Gern hätte sie gewusst, ob er ihr denn am Ende verziehen...

Du meinst, er hat sich verwandelt? staunte das Kind, und riss seine Augen auf.
Ja, verwandelt, so wird es wohl sein, nickte Eliane.

Es dauerte nicht lang, da entdeckten die Kinder das Gesuchte. Mit einem Stück Blumendraht, zu einer Schlinge gedreht, holte der Älteste es aus seinem Versteck. Die Kinder betasteten das silberne Schlüsselchen, befühlten es mit ihren Fingern und legten es voll Ehrfurcht vor die Augen der alten Frau.

Er wird wieder groß, Oma, du musst nur fest daran glauben! Jetzt, wo du ihn wieder hast und damit auf- und zusperren möchtest wie früher...

Das will ich, sagte die Oma leise. Dann nahm sie die Blumen entgegen, stellte sie in eine Vase und legte jedem ein Stück Geburtstagstorte auf seinen Teller. Irgendwann, ergänzte sie lächelnd. Vielleicht schon in dieser Nacht, oder in einer anderen. Vielleicht erst nach vielen Jahren. Das weiß man nie so genau ...

Nachtwerk

Verebbt die Erzählung, heben die Uhren / ihr Nachtwerk an. Halb drei. Und ihre Zeiger / folgen und kreuzen einander verlässlich // Ich hätte es aussprechen können, das Wort / es hätte die Kluft übersteigbar gemacht / den schaurigen Abgrund leise geschlossen // Langsam entgleitet die Zeit. Durch das Fenster / blinkt mir der Mond ins Gesicht, halb nur und blass / verebben die Sätze, verschwimmt mir dein Bild...

Bandornamente im Goldenen Saal

Es ist noch zu früh, um im Programmheft zu stöbern. In der luftigen Leere dieses Balkons überwiegt kaum je die Ungeduld, eher stilles Behagen; ein Lächeln, verinnerlicht, das von Jahren, Jahrzehnten glücklicher Stunden zurückblieb, bewahrt im Bewusstsein und gleich wieder da, wenn das Wiedersehen mit vertrauten Dinge aufleben lässt was immer schon gut war. Ohne solches Erinnern wäre Gegenwart karg und Zukunft höchst ungewiss. Daher lebt es sich besser in vielen Zeiten zugleich; in einer Gegenwart, durchtränkt von Gewesenem; das macht Künftiges milder und leichter annehmbar. Vielleicht wird an Plätzen wie diesen der Geist noch verweilen am letzten der Tage, bezeugen was Leben war ohne Schmerz, ohne Notwendigkeit einer Abwehr.

Ungehindert streift hier der Blick über vergoldete Amoretten, wandert scheinbar endlose Bandornamente entlang. Ob die feinen Figürchen im Relief dort oben der Lyra entstiegen sind, oder die Lyra jenen geflügelten Wesen, die vom ersten Ton bis zum letzten einer Symphonie, oder eines Klavierkonzerts, dem wir lauschen, auf ewig treue Begleiter sind? In der Sekunde des Aufwärtsblicks, bewussten oder unbewussten Verflochtenseins mit den spielerischen Details dieser Wände, ist das nicht zu klären. Beruhigend jedoch, dass sie sind und bleiben, dass sie beim nächsten Konzert und auch beim übernächsten noch da sein werden wie jetzt; verlässlich wie auch bei allen folgenden, bis hin in die vielleicht gar nicht so ferne Zeit am Ende der uns zu gemessenen Tage.

Das Ornamentband mit Flügelknaben und Leiern unterteilt die Wandflächen unter der Decke des Goldenen Saals und nähert ihre Weite menschlichem Augenmaß an. Gleichmäßig fortlaufende Muster besänftigen das Sensorium während des Hörens und stimmen, so wie alle anderen Schmuckelemente mit den Schwingungen musikalischer Welten konfliktlos überein. Das ist ihr Geheimnis. Fraglos beschwichtigen sie jedes ängstliche, heillos nach innen gelenkte Denken und richten es auf; das jedes einzelnen Wesens sowie das der vielen, die hier versammelt sind auf Balkonen und im Parterre; stellen es jenen mythischen und allegorischen Figuren oberhalb ihres Blicks gegenüber, die in den himmlichen Feldern der Holzdecke schweben, in diesen herrscherlich lorbeerbegrenzten Zonen in mildestem Blau.

Bandornamente umschließen unterscheidbare Welten und nehmen doch andere ohne Widerspruch in sich auf. Sie halten die Temperatur unseres Blutes im Gleichgewicht, regeln gesteigerten Druck entgrenzter Neigung trotz allem Außer-sich-seins, aller Ungeschütztheit im Unwägbaren. Sie dämpfen die Vibrationen des Nervengeflechts, halten es still und geschmeidig, und binden es ein in ein großes Ganzes. Denn es gibt dieses große Ganze in diesem Saal, in dem die Zeichen an den Wänden, an der Decke oder wo immer, sich gleichsam organisch mit den Wundern schönsten Lebendigseins, mit der Hingewandtheit des Ohrs und des Blicks, verbinden und von allem ein Teil sind.

Deshalb wandern auch die Gedanken getrost hinunter in das vertraute Geviert, berühren die langen Reihen der Karyatiden, den sanften Goldglanz auf den Wölbungen ihrer Leiber, die ja so fest und kräftig sein müssen im Auftrag des Ganzen.

Waren es diese Plätze, auf denen wir damals, schon bald nach dem Krieg...? Oder waren es jene? Im Parterre, in den Logen, hoch oben auf den Seitenbalkonen, oder beseligt geschmiegt an die Schmalwand der goldenen Orgel, dieses Raum beherrschenden Instruments, das dem winzigen Menschlein daneben nicht selten die Sinne benahm, das Fassungsvermögen seines Gehörs mehr als seufzerlang überschritt?

In den Fünfziger Jahren, noch im ersten Jahrzehnt nach dem Krieg, konnte die Freude über einen errungenen Sitzplatz so überwältigend sein, dass die daraus sich entwickelnde Übermacht der Erwartung auf einen damals blutjungen Maestro derart übergreifen konnte, dass um ihn herum ein Sog entstand, der ihn fortriss und aufwärts trieb, ihm scheinbar übernatürliche Kräfte gab, die ihm und dem Ort lang als ein magischer Zauber verblieb, unverzichtbar für lange Zeit.

In den Netzen des Unerhörten gefangen, und doch begierig zugleich nach den Sphärenklängen realen Lebens, so zog es uns hin. Wir wähnten uns auserwählt, überschüttet mit Wundern, mit tausend bunten, verheißungsvollen Farben des Glücks. Denn auf den Trümmern, dem Staub, dem Schutt der Zerstörung gediehen Träume, gedieh die Wiederverflechtung einer zerfallenen Welt, triumphierte Lebendigsein über Ohnmacht, über Armut und abgründiges Grauen.

Erinnerung wäre nicht vollkommen, dürfte einer nicht an das Außergewöhnliche denken, das sich damals begab: des Erscheinens einer gewissen allseits verehrten, hoch betagten Dame in moosgrünem Kleid. Von oben besehen, gleich einem Blumenstrauß anzuschauen. Auf der moosgrünen Transparenz ihres Hütchens wippte verblasster Rosenschmuck; ein Gebilde, das damals bei jedem Konzert den Fuß des Dirigentenpults zierte, während wir Jungen irgendwo, wie der Zufall es wollte, Plätze fanden oder stehend der Dinge harrten, die kommen würden, verlässlich. Fast alle waren in die alte Dame verliebt, gleich welchen Alters oder Geschlechts. Sahen ihr freudig entgegen, wenn sie nach Abklingen des ersten Geläutes in rührend zerbrechlicher Zartheit die Eingangstreppe herabstieg.

Die Ruinen der Nachkriegswelt hatten den Augen wenig Bewundernswertes gelassen, sie waren ausgehungert nach Schönheit. An alten Geschichten hielten sie fest, öffneten weit sich vor längst verschlissener Pracht. Solch uneingeschränktes Bestaunen verdeckte eigene Mängel, ließ die Kargheit des Daseins vergessen, hielt an, bis die Augen sich satt gesehen hatten und Neues suchten.

Das Spitzenkleid jener Dame fiel weich bis zum Boden. Moosgrün mit kleinen Lichtern, Sonnenflekken vergleichbar; üppige Volants, schimmernd in brüchiger Pracht wie auf alten Gemälden. Ich erinnere mich an die Farbe, weil sie trotz ihrer Verwaschenheit, die die Zeit ihr zugefügt hatte, oder gerade deswegen, die Augen von uns Schönheitshungrigen wie ein Lichtstrahl durchzog, Hälse verdrehte, der jungen wie auch der älteren Konzertbesucher, der genügsamen genauso wie der heißhungrigen in dem festlichen Saal. Bewacht von den mächtigen Leibern der Karyatiden schwebte dieses zarte, ja zärtliche Grün, ein freundlich vorüberziehender Traum von etwas – was war es nur? – das seine Nuancen, Strukturen und Schatteneffekte aus der Besonderheit seines Materials bezog. Vielleicht war es nach einem Bombenhagel zu lang zwischen Schutt und Bauteilen an der Sonne gelegen, weil es so sanft und tränenweich schimmerte und längst vergangene – zugleich mit jüngst erst zerbrochenen – Welten heraufbeschwor. Dennoch dachten wir lieber an edle Salons, wie sie in Büchern beschrieben waren, die wir stapelweise lasen; Damen aus alten Geschlechtern fielen uns ein, ihr Fall und ihr Elend, und dennoch Geist und Anmut zugleich.

Spitzen, besonders alte, teure, können die Farbe wechseln und anders erscheinen mit jeder Drehung; sich hervortun in einer Raffung, sich zurückziehen in die tiefen Schattentäler der Falten; von ganz besonderen Klöppelmustern da und dort, Bewegungen und Assoziationen, ganz zu schweigen.

In diesem unbeschreiblichen Grün war die Namenlose präsent. Immer wieder in diesem einen Spitzenkleid und zu jedem Konzert, bei dem auch wir uns unseres Lebens freuten.

Die Dame, deren winzige Füße, von grünen Atlasabsätzen gehoben, sie immerhin aufrechten Ganges dahintragen konnten, schien zumindest im vordersten Teil des Saals allen bekannt. Ihr Lächeln, von jenem rosenbekrönten Organzahütchen beschirmt, spiegelte sich im Glanz der Gesichter. Grüßenden dankte sie mit anmutiger Neigung der Stirn, wenn da und dort jemand aufstand, um sie zu sehen; wenn einer mit Gesten und Blick sich ehrerbietig zurücknahm in dem Gedränge, um ihr den Vortritt zu lassen. Sie begab sich auf ihren – immer war es derselbe – Sitzplatz vor dem Orchester, wo sie stehend erwartet wurde, während auf dem Podium Geigenbögen in Vibration gerieten ihretwegen, ein Konzertmeister bei der Ankunft der Hochbetagten sich anerkennend verneigte. Unten, in den ersten Reihen hielt das Geflüster an, Menschen beugten sich neugierig vor, um nichts zu versäumen. Man tauschte Blicke des Einverständnisses, der Leichtigkeit. Sogar etwas wie Fröhlichkeit kam auf nach so viel Ungenügen, das allerorts sichtbar war nach so viel Schmerz, verschwiegener Trauer und Ungeduld.

Jahre vergingen. Der Gang der Dame, auf einen Stock gestützt, wurde mühsamer mit der Zeit. Von manchmal ergatterten Podiumssitzen aus, oder als Chorsängerinnen von den obersten Stufen, bewunderten wir die Stärke ihres Auftritts, die Konsequenz, wenn sie trotz halb geschlossener Lider, am Ende eines Stücks niemals ihr Beifallslächeln vermissen ließ.

Eines Tags, oder besser gesagt eines Abends, suchten unsere Augen vergebens die vordersten Reihen des Saals ab. Leere machte sich breit. Sie ist nicht mehr da. Sie fehlt, stellte ein Herr resigniert fest. Es gab noch andere Bemerkungen dieser Art, und allen haftete leise Traurigkeit an. Ein Seufzen ging durch die Reihen. Der Dirigent lächelte still. Damals hatte sich etwas verändert.

Die Karyatiden im Goldenen Saal behielten freilich ihr Aussehen, sie tragen es mit wissenden Mienen fort durch die Zeit. Und die mythischen Wesen, die den inneren Umriss des Saals, das gesamte Geviert rund um die Balkone mit Ornamenten bekränzen, entpuppen sich als geflügelte Löwen mit Greifenhaupt, von denen jeweils zwei die goldene Lyra bewachen; ein Motiv, das wiederkehrt, solang, bis Ende und Anfang eins sind.

*

Schon nehmen die Musiker ihre Plätze ein, einer nach dem anderen rückt sich sein Pult zurecht, erneuert den Hautkontakt zum anderen Ich, seinem Instrument. Die Besucher werfen noch schnell einen Blick ins Programmheft, dann in die Richtung des Dirigentenpults, wo der Maestro eben in schöner Bescheidenheit sich verneigt.

Der Blick hängt an der Decke des Goldenen Saals, unter der sich der Raum dehnt und schwingt. Die Chorsänger haben sich aufgereiht, bereiten ihre Kehlen konzentriert auf die Feinarbeit vor. Wer Psalmen wie hier bei Strawinsky auf ihren Grund gehen will, darf sich von Unruh nicht schwächen lassen, von Äußerem nicht blenden. Das ist auch der Grund, warum einer die Augen schließt beim Hören. Es sei denn, er kann seine Blicke an Ornamente knüpfen, an scheinbar endlos wiederkehrende Muster in strenger Regelung, um ein Ausufern innerer Bewegung anzuhalten, selbst in wildestem Seelengewirr. Bandornamente mildern Vibrationen, sogar der *fortissimi*; halten das Ganze des Raums, der Zuhörer wie auch der Musiker, in schönstem Gleichgewicht. Sie bleiben in ihrer gewohnten Ordnung, egal was geschieht. Die beste Eigenschaft ihrer Motive ist es jedoch, wiederzukehren. Wie Ebbe und Flut, wie die Rhythmen der Meere und der Gestirne.

Die archaischen Bandornamente der frühen Völker vermittelten uns dieses Wissen. In vielen Kulturen setzten Gesänge es fort. Strawinsky hat sich mit seiner Psalmensymphonie, die samt dem großen Chor die Architektur dieses Saales so wunderbar zu bestätigen und zu erfüllen vermag, in das vieltausendjährige Band der Überlieferung eingefügt, Komposition wie Denken einmal erkannten Gesetzen in Ehrfurcht gebeugt.

Woran, frage ich, wenn nicht an die Gewissheit glücklicher Wiederkehr, sollte einer seine Hoffnung denn knüpfen? Seinen Glauben an ein Funktionieren des Ganzen, wenn nicht an die Kraft von Rhythmen, abzulesen aus denen des Monds, der Gezeiten, und ihrem Beispiel zu folgen? So wie Strawinsky es tat mit ineinander greifenden Fugen. Wir tun es mit Ritualen, mit den Regeln wiederkehrender Feste, mit dem Glück immer neu anzustimmenden Hochgesangs. Brauchen wir Menschen nicht immer wieder, und besonders zur Frühlingszeit, als Belebung der Hoffnung, die heilige Feier? Das Warten auf einen auferstehenden Gott?

Nur für Sardellen

Die Fünfziger Jahre

Ringrund wandernd, fallen Erinnerungen wie Wasser ein, mit der Lichtflut des Frühsommers durch die Zweige der Linden, vergoldetes Grün. Der Himmel, war blau auch damals, die Luft klar wie Glas. Sitzbänke luden zum Ausruhen ein, Fahrzeuge und ihr Vorüberziehen störten nicht im ersten Jahrzehnt nach dem Krieg. Zwischen den Bäumen zogen Passanten vorüber, eilig die einen, geruhsam die anderen. Schlanke Mädchen in Stufenröcken, mit schwingendem Schritt. Das lange, zu Pferdeschwänzen straff gebundene Haar folgte jeder Bewegung. Von drüben, von jenseits des Schottentors her, wehte ein hellblauer Flatterrock mit weißen Streifen, plusterte sich auf und wirbelte vor dem Wind.

Die Geschwindigkeit, mit der sich ein junger Mann vom Haupteingang der Universität, seinem Aussichtsplatz oben, plötzlich löste, in schönem Bogen herablief und mit artistischem Schwung über den Auslauf der Rampe setzte! Der hatte es eilig, musste rasch an sein Ziel. Kein Bummeln, kein unnötiges Hin und Her. Was immer auch Ottokar – nennen wir ihn doch einmal so – unternahm, er war keiner, der lang auf sich warten ließ. Wie im Flug hatte er all die Semester hinter sich gebracht und gewonnen. Und heute war ein Freudentag. Seine Dissertation war angenommen worden, die Welt lachte ihm entgegen, ja sogar der Professor, was kaum zu erwarten gewesen, hatte ihm gratuliert. Ottokar stieß einen Freudenschrei aus bei diesem Gedanken und begann zu laufen. Hinter dem blauweiß flatternden Stufenrock lief er her, als wäre es um die Wette. Hüpfte, weil es der Flatterrock scheinbar eilig hatte, bei nächster Gelegenheit über die Fahrbahn, die damals ja kaum ein ernsthaftes Hindernis bot.

Schon hatte er die Eilende eingeholt. Die aus dem Italienisch-Kurs war es, die so viel lachen konnte, wenn er erzählte; die das Wort *riso – der Reis* zu ihrem Lieblingswort kürte und strikt behauptete, dieses Wort bedeute gar nichts weiter als Reis, weil der nämlich ihre Leibspeise war, nichts anderes; *riso – der Reis,* und nicht etwa auch Lachen, Lächeln...

Als sie auf die Bank zuging, – wie rasch man sich doch gewöhnt! Die nun auch schon die seine war, so oft waren sie hier beisammen gesessen, diese Bank war ein Glücksfall – und weil sie sich gar nicht umsah nach ihm, obwohl sie genau wusste, wer schon wieder hinter ihr her war, machte er sich bemerkbar.

Ri! rief Ottokar überlaut, obwohl bereits dicht hinter ihr, und selbstverständlich drehte sie sich um.

Ottokar...? tat sie überrascht, so als hätte sie nie und nimmer zu dieser Stunde diesen seltsamen Kerl aus dem Italienisch-Kurs erwartet, aber als er dann neben ihr auf der Bank saß, legte sie auch schon los. Er ließ sie reden und hörte vorerst einmal zu, so wie immer; das tat ihm gut und entsprach seinem Selbstgefühl. Er hatte genug erlebt am heutigen Tag, dass er es sich leisten konnte, einmal nur dazusitzen und seinen Erfolg zu feiern. Ri war nur ein Teil davon. Natürlich hatte er einen Plan, eine ziemlich genaue Strategie, was diese Kollegin betraf. Strategie schien ihm nötig, denn Ri war ein Sonderfall ihres Geschlechts. Er hatte sich vorgenommen, ihren Charakter eingehend zu studieren, wenn Zeit dafür war, um endlich dahinterzukommen, was denn zu tun sei, um ihren Flausen beizukommen. Für schwierig hielt er das nicht, es erforderte nur Zeit und etwas Geduld. Beides würde er aufbringen in diesen Tagen.

Erzähl von Sardellen! forderte sie energisch ihre Erwartungen ein. Und er, leise, versonnen: Herrlich...! Verschränkte lachend seine Arme im Nacken, drückte sich an die hölzerne Lehne, das Gesicht zum Nachmittagshimmel gewandt. Zeit spielte jetzt keine Rolle mehr. Ab nun lebe er ganz ohne Zeit, erklärte Ottokar, quasi zeitlos.

Fein, sagte Ri. Fang schon an!

Gleich, gleich! beschwichtigte er. Du ahnst ja nicht, wie froh ich bin! Er verstummte und schloss seine Augen.

Ri war nicht müde. Mitten am Nachmittag wollte sie keineswegs ruhen. Setzte sich vielmehr erwartungsvoll an der vorderen Kante der Bank zurecht und sah Ottokar ins Gesicht. Wozu war sie hergekommen? Wozu hatte Ottokar diese Sardellen studiert, wenn er nichts davon weitererzählen wollte? Komm, komm, drängte sie. Wie war das mit diesen...

Er grinste vergnügt. Genau so hatte er sich künftige Zweisamkeit immer vorgestellt. Er, Ottokar, ein gefragter Mann. Ihm zur Seite eine aufmerksame Zuhörerin. Er hielt nichts von Frauen, die alles besser wussten als Männer, sich weiß was zugute hielten auf ihre Leistung, die ohnedies hauptsächlich darin bestand, das Essen fertig zu kriegen und Kindern auf die Nerven zu gehen. Davon hätte er gern einmal ein Lied gesungen. Er hingegen würde mit einigem Recht sich ihrer Kinderschar zugesellen, würden sie nur die seinen sein und um den Tisch herum ihre Aufmerksamkeit auf ihn, das weise Oberhaupt der Familie richten, ihn eventuell etwas fragen, respektvoll natürlich. Vielleicht fragten sie auch nach den Schwärmen der Sardellenartigen so wie jetzt Ri.

Wo waren wir stehen geblieben? begann Ottokar mit großem Ernst. Er fühlte sich unersetzlich, natürlich zu Recht. Wusste genau, wie seine letzte Lektion verlaufen war, wollte nur von der Fragerin hören, ob sie aufmerksam mitgedacht hatte, ob alles Wissenswerte bei ihr noch präsent war, und sie nicht etwa an irgendeinen dieser Schnösel dachte, die ihr in Rom den Reis- und Sardellenhunger, natürlich in reiner Materie und in Form von..., wie hieß diese Speise doch gleich? zu stillen beliebten.

Sehr gut, sagte Ottokar. Eine steile Falte erhob sich zwischen seinen buschigen Brauen. Den Anknüpfungspunkt zur letzten Lektion hat sie also gefunden, dachte er. Ausgezeichnet! Sein künftiges Lehrerdasein erfuhr bei ihr seine erste Erprobung. So viel Aufmerksamkeit seiner Schüler durfte man keineswegs ungenutzt lassen. Seine fünfte Lektion sollte daher mit dem Faszinierendsten beginnen, das sein Wissen über Sardellen zu bieten hatte: mit jenem besonderen

Sensorium, das diesen Wunderwesen zu eigen war, ja sie erst befähigte, richtige Schwarmfische zu sein, im Schwarm ihre Lebensform zu finden und den Schutz in der Masse.

Ri's aufgerissene Augen blickten erwartungsvoll in die seinen. Risolutezza! dachte Ottokar. Entschlossenheit! Risolvibile, lösbar! Irgendwann musste ein Rätsel sich lösen. Was hatte er unlängst im Wörterbuch nicht alles gefunden! Sämtliche Wortanfänge mit ri, eine respektable Anzahl. Er hatte sie auswendig gelernt und nicht vergessen. Ri freilich, Ri kannte nur *riso,* den Reis. Und warum? Weil sie nicht aufhören konnte, ans Essen zu denken, genau genommen an jenen Ort, wo man den Reis mit Sardellen zu mischen pflegt...

Ottokar seufzte. Sie hatte es ihm erzählt, er hatte zugehört, mit wässrigem Mund. Doch jetzt musste er es genauer wissen. Wie war das, zum Beispiel in Rom...? fragte Ottokar.

Was soll gewesen sein? Ri wurde ungeduldig. Wir waren beim Schwarmfisch!

Nein, unterbrach Ottokar, jetzt spreche ich vom Reis! Jetzt erzähl Du, wie es war, und wer Dir diese Wunderspeise in Rom serviert hat!

Sie wird nicht serviert, sagte Ri trocken, sie wird überreicht...! Vom Herrn an die Dame, vorausgesetzt, dass sie nett ist und Hunger hat. (Wir müssen bedenken, es waren die Fünfziger Jahre!)

Unverschämt! dachte Ottokar. Diese Mädchen lassen sich füttern als wären sie Hühner oder Gänse. Laut klang das allerdings anders: Genauer bitte! Ich meine den Vorgang des Überreichens. Und das Rezept!

Die Rezepte! platzte Ri heraus, es gibt zwei Arten der Zubereitung, pikant oder süß. Entweder Reis mit Sardellenstückchen drin, zu Bällchen geformt und in Olivenöl braun gebacken. Oder Reis mit Vanille und Rosinen drin. Außen ebenfalls braun, gezuckert und heiß gegessen.

Genauer! begann Ottokar zu fordern. Auch er verspürte jetzt ein leises Hungergefühl. Seiner Mutter war so ein Kunstwerk nie geglückt, obwohl er den Vorgang des Bällchendrehens, den er von Ri's Erzählungen kannte, ihr oft genug geschildert hatte. Und derartiges kauft man auf der Straße ein, sagtest Du? Beinahe ein wenig neidisch geworden, wandte er sich an die Kollegin. Von einem fahrenden Händler?

Man kann beim Ausbacken zusehen, schloss Ri resigniert, und atmete tief die milde Septemberluft ein. Wie herrlich die Reisbälle dufteten! Wie anmutig sie von den jungen Herrn überreicht wurden! Frisch und knusprig in einer Serviette, direkt aus dem brodelnden Öl. Sie schloss die Augen, und Ottokar, mit steiler Stirnfalte über den Brauen und wässerigem Mund, fasste endgültig seinen Entschluss.

*

Am folgenden Sonntag Kaffee bei Ottokar. Papa und Mama. Zwischen Ri und den beiden Altvorderen ein

Gugelhupf und beharrliches Schweigen. Kein Gespräch über Sardellen. Keines über Reis. Ottokar biss sich auf die Lippen. Wir werden es wiederholen, meinte er abschließend. Warum? frage Ri.

An einem weiteren Sonntag dann die Wiederholung: Kaffee bei Ottokar. Diesmal mit Apfelkuchen, Papa und Mama. Die sind dieselben geblieben. Sie tun, als erwarteten sie etwas, denkt Ri. Doch es kommt nichts Besonderes aus dem trockenen Mädchenmund. Ottokar ist ebenfalls schweigsam. Nach den Pflichtgesprächen mit einigen Höflichkeiten rüsten die Eltern sich zu einem Spaziergang. Der Vater hat einen säuerlichen Blick, die Mutter schaut zum Fenster hinaus. Man verabschiedet sich förmlich. Sie wünschen dem Sohn viel Glück. Wozu braucht er Glück? denkt Ri. Er hat doch nicht etwa Geburtstag?

Wozu Glück? Ri schaut Ottokar fragend an und dann gleich auf die Uhr. *Sardina polchardus,* mahnt sie mit aufgerissenen Augen. Beeil Dich, ich hab nicht viel Zeit. Heringsfisch, setzt sie, durch seine plötzliche Ratlosigkeit ziemlich munter geworden, fort. Das Thema bringt sie in bekannte Gewässer. Die Sardine, leiert Ri den auswendig gelernten Lexikontext herunter: Kommt meist in gemäßigten Zonen vor, auch im Mittelmeer, oft in Küstengebieten. Von Südwesteuropa bis in subtropische Meere. Sardinen-Schwärme bis hinüber zu den Azoren, im Süden zu den Kanaren. Am besten gebraten, ergänzt sie bescheiden. Olivenöl.

Ich dachte, du willst meine Orangerie sehen? Ottokar ist enttäuscht, beinahe gekränkt. Komm doch herein und schau! Wenn alle Schülerinnen so anstrengend sind, denkt er verärgert, hab ich den falschen Beruf gewählt. Warum er seine Wissenschaft verborgen halte, will diese Zicke wissen. Die meint es sogar ernst. Vor allem das lang versprochene Kapitel über jenes besondere Organ, diese Sache mit dem Magnetismus, die ein Schwarmfisch haben muss, um ein richtiger Schwarmfisch zu sein...

Orangen, Zitronen zuerst! Ottokar nimmt sich vor, konsequent zu bleiben. Er öffnet die Tür zu seinem Schlafgemach, auf dessen Fensterbrett eine selbst gezogene Pflanzenansammlung sich breit macht. Fein, freut sich Ri und läuft gleich hin. Ein Pflänzchen von den Zitronen hätte sie gern, eins von den Orangen. Bitte! Das muss sie auch probieren, so schwierig kann die Aufzucht aus Kernen nicht sein. Mach schnell, Ottokar! ruft Ri. Hol einen Löffel und grab sie aus. Und beeil dich, ich hab nicht viel Zeit!

Fein! strahlt sie am Ende, glücklich über das schöne Geschenk und in ehrlicher Dankbarkeit. Ri wickelt die winzigen Bäumchen in ihr Taschentuch, versenkt sie mit den Wurzeln nach unten in ihre Umhängetasche, so dass das Grüne genug Luft hat, und schaut zum letzten Mal auf die Uhr.

Ich bin schon knapp, entschuldigt sie sich. Es beginnt...

Was beginnt? Wo willst du denn hin? fragt Ottokar erschrocken.

Es beginnt um halb sieben, mahnt Ri, und ich bin

noch nicht dort! Sie ruft es in Ottokars Zimmer hinein und hastet zum Ausgang. Du kannst mich ja auch begleiten, lenkt sie ein, weil er ihr nachläuft und plötzlich besorgte Augen macht. Vielleicht gibt's auch noch eine Karte für Dich. Den anderen, auch Charlie, macht das sicher nichts aus.

Ottokar runzelt die Stirn. Was gespielt wird im Kino, und wer dieser Charlie...?

Ein Unterwasserfilm, Ottokar! Es geht ums Tauchen, um Wasser und Fische im Roten Meer. Zwar nicht um Sardellen, eher um größere Fische, aber immerhin. Man könne das ja nicht wissen. Und sie seien schon sieben, die alle den Taucherfilm sehen wollten, Gerda und Martin, und noch ein paar Freundinnen, mit denen Charlie..., und so fort.

Hat Ottokar eine Zitrone im Mund? Nein und abermals nein! Durchaus höflich lächelt er sein Auf Wiedersehen, meint aber später im Gespräch mit dem Vater: Diese Mädchen sind allesamt oberflächlich und ohne jeden Lebensernst. Ri im Besonderen, sie eignet sich nicht als künftige Mutter meiner Kinder. Wir verstehen uns doch, nicht wahr, Papa?

Wohin kehre ich heim

Weil der erste Schritt in ein Unbekanntes oft schwierig erscheint, vielleicht auch der nächste und übernächste; weil die Ungewissheit nur langsam weicht, nur langsam sich aus den dunklen Winkeln der Seele zieht, wenn einer Wünsche wie Träume befragt und Möglichkeiten zu deren Verwirklichung nie in sich zurechtrücken kann; fragt und nicht zu antworten weiß wegen der Irrtümer und Täuschungen, die am Ende Ersehntes vereiteln könnten oder heraufbeschwören was nicht gut ist; weil sich Wollen und Planen, Sinnen und Trachten so leicht in ein Nichtiges kehren. Da taucht plötzlich dieser Gedanke auf, der wiederkehrt wie keiner sonst aus dem Nichts; vielleicht, weil er immer schon da war, und nie ganz verworfen, jetzt in die Leere fällt, in diese Zaghaftigkeit, diese Angst. Deshalb denkt Frau B., es müsse nun Schluss sein mit Grübeleien dieser oder anderer Art. Einfach in Frieden leben, ja, das wolle sie in jenem Lebensabschnitt, den manche ihren dritten nennen. Irgendwo leben, wo sie endlich daheim ist, es sich gut gehen lassen. Nur nicht da, wo sie ohnedies immer schon war und noch ist, sondern endlich an einem Ort..., ja wo denn? Wohin? Und wo ist denn nun ihr Daheim?

Aber Sie sind doch daheim, oder nicht? sagt der freundliche junge Nachbar und macht große Augen. Er hat ein ermunterndes Lächeln parat an dem Tag. Also, das wird schon! meint er und lacht. Sie werden schon sehen. Wo möchten's denn hin?

Wohin? Frau B. ist verärgert. Andererseits trifft diese

Frage den Kern ihres Kummers. Wohin! An einen bestimmten Ort hat sie eigentlich nicht gedacht, nur insgeheim auf ihn gehofft. Also hat sie nicht vor, das Unausgegorene ihrer Gedanken, die klare Überlegungen noch nicht zulässt, mit diesem Jungen zu teilen.

Ah, einfach irgendwohin, meint sie verdrossen. Dorthin, wo es gut ist! Muss man denn alles gleich im Detail...? denkt sie, und außerdem: Hier versäumt sie ohnedies nichts, was wieder einmal bewiesen wäre. Also holt sie Mantel, Mütze und Schuhe, denn was der November für Stunden bereithält, weiß man ja nie. Vielleicht hat auch der Spätherbst noch ein paar gute Momente parat, das Mittagslicht ist ja längst nicht vorbei. Ein wenig Luft holen, atmen! Wieder Freude haben an allem, ohne Vorbehalt, wie als Kind...

Frau B. steigt ein und fährt einfach drauf los. Wie als Kind einen Wiesenweg gehen, denkt sie, den Bach entlang. So lang, bis die Müdigkeit da ist, und dann heimzu, und ab in die Träume. Oder so ähnlich. Natürlich genügt das nicht für ein beständiges Glück, Frau B. ist ja nicht kindisch, auch noch nicht alt genug, es wieder zu sein. Sie denkt ja gar nicht daran, sich dem Ort ihrer Kindheit zu nähern, obwohl sie gut unterwegs ist; denkt nicht daran, dort irgendetwas, das einer Bleibe auch nur ähnlich sein könnte, für sich zu erstreben. Aber gerade erst in die ewige Freizeit entlassen, wird sie doch Pläne schmieden dürfen, so viel sie will, oder nicht? Pläne hat sie genug. Zum Beispiel reisen, denn das wollte sie immer. Beglückwünscht hat man sie dazu, die Kollegen haben ein Glas auf ihr Wohl getrunken. Wir beneiden Sie, liebe Kollegin! Ah, wie wir Sie beneiden!

Frau B. hat den Stadtrand erreicht, das herb duftende herbstliche Land. Sie kennt die Gerüche, Geräusche, kennt den Tonfall der Stimmen, das Gefühl weichen Bodens unter den Füßen. Eine kurze Stunde, und sie wäre..., aber das denkt sie nicht. Nur dass sie irgendwo sein hätte wollen, bleiben auch. Irgendwo. Wohin, grübelt sie, kehrt einer heim, wenn er im Zweifel ist? Nirgendwohin, auch nicht an den Ort seiner ersten Stunde.

Unsinn, denkt Frau B. Es gibt dort nichts, das auch nur das kleinste Glück verspräche, das alte Haus nicht und nicht die Lieben von einst, die es gar nicht mehr gibt. Fremd wären ihre Wünsche und ihre Gedanken schließlich auch dort, vielleicht fremder als irgendwo. Fremder als irgendein Neuankömmling in diesem Land, der wenigstens seine Erwartungen hat, zumindest Neugier; Aufgaben auf alle Fälle. Dem ist die Zeit nicht lang. Ihr aber mangelt das alles, die Neugier und die Erwartung. Die kann einer gar nicht haben, wenn er kein Neuling mehr ist. Aufgaben fehlen, und damit die Notwendigkeiten, den vielen fremden Menschen entgegenzugehen. Frau B. kennt niemanden mehr in der Gegend, sie muss ja auch niemanden kennenlernen. Wozu? Die Zeit, in der sich einer behaupten musste, ist für sie längst vorbei. Gegen eine Wohnstatt im Grünen wäre natürlich nichts einzuwenden, nichts gegen einen blühenden Garten. Aber das ist es nicht, denkt Frau B. Das ist es wirklich nicht. Nein.

Doch liebt sie die Landschaft. Sie liebt die Konturen der Hügel, die herbstlich aufgeworfenen Furchen, die schwungvollen Kurven und Linien, die drüber hin weggehen. Reihen von Rebstöcken, parallel; in der Ferne ein Dorf und noch eines, halb verdeckt von schwarz Gestricheltem, das den lang gestreckten, dürren Gestrüppen Struktur und beinah so etwas wie Schönheit gibt. Jetzt sind die Sträucher vom Nebel verdeckt, denn erdwärts senkt sich das Regengrau, zieht seine Schleier über die Gräben und Ackerfurchen. Darüber ein Krähenschwarm und sonst nichts.

Diese erdfarbene Stille hätte man ausklammern sollen, denkt Frau B., es ist alles so flüchtig, und ihre Gedanken sind voller Ungeduld nach der Erfahrung des Schönen, des Blühenden. Alles in ihr ist darauf aus, sich der lang ersehnten Ruhe und Abläufe in ihrem Leben glücklich bewusst zu sein, sich ihrer in diesen letzten Wochen des Jahres bewusst zu bleiben; als Voraussetzung für einen Neubeginn, als Vorbereitung auf Besseres, auf Wiederkehr und auf Dauer, wie das ja nicht nur dem Baum, dem Gras und der Wintersaat zukommt. Sind doch selbst diese Krähen hier auf Dauer aus, auf das was gut ist für sie, ihr Überleben, wenn sie schreiend über die Äcker ziehen, geradezu wild vor Lust, die kostbaren Körner aus der Erde zu reißen, um ihren Hunger zu stillen.

Reiseziele gibt es genug, denkt Frau B. Längst hat sie sich die aktuellen Prospekte besorgt, kann sich nur nicht entscheiden. Zu viele Möglichkeiten auf einmal. Doch das ist es nicht. Und sie will es nicht, nicht jetzt! Also wohin?

Aus brüchig gewordener Gegenwart rette einer sich in die Zukunft, hat ihr einmal einer gesagt; dann kehre er wieder zurück, denn voraus liegt nur Ungewisses. Wie wahr! Selbst für die Krähen, denkt Frau B., obwohl man denen ein langes Leben nachsagt. Die kümmern sich nicht um das was sein wird, die nehmen, was sich ihnen im Jetzt zeigt.

Längst ist sie ausgestiegen, einen Feldweg entlanggegangen, der in das Nichts führt, wenn man die Abzweigung in die Weingärten hügelan als Blick in ein Nichts bezeichnen will. Der Weg hinüber ins nächste Dorf ist nicht befestigt, die Erde zu feucht, um über Schollen zu gehen. Frau B. kehrt auf den kleinen Parkplatz zurück, reinigt ihre Schuhe im nassen Gras und steigt wieder ein. Die Straßen und Wege der Gegend sind ihr bekannt und doch fremd geblieben, so wie die kleinen Dörfer in den schwarzbraunen Senken, die grau- bis ockerfarbenen Hohlwege tief im Löss und jene besonderen Stellen über den Weinkellern, oben, von wo aus der Blick ohne Eingrenzung schweift und den welligen Boden des weiten Urmeers erahnen lässt, an das sie immerzu denken muss. Das sie, warum auch immer und seit sie wusste davon, geliebt hat wie selten etwas anderes...

Beim Bremsen und Stehenbleiben im feuchten Sand umspannen die Augen ein breites, weit hingestrecktes Tal, eine riesige Wanne, so wie alles hier einstmals Meeresgrund, Dünen an ihren Rändern, Weingärten obenauf; und das Ganze begrenzt in der Ferne von dichten Gehölzen, Robinien, Eichen. Hinter all dem, für Frau B. jetzt unsichtbar, baut sich ein Kalksteinland auf; mit der Seele zu sehen die weißlichen, felsigen Riffe, Korallengrund. Muscheln und Schnecken. Abdrücke von Tintenfischen und das Schimmern von Perlmutt.

Immer schon wollte sie diese Wege entlanggehen, Steine betasten, begreifen, Zusammenhänge verstehen, das Gewordensein eines Lebensbereichs über Jahrmillionen. Hieße das etwa nicht, hier heimisch zu werden? Heimisch zumindest im Denken, im Fühlen, wenn schon nicht in der Gegenwart und bei den Menschen? Das würde sie sich nie antun, doch freilich wäre es gut, irgendwohin zu gehören, wohlgelitten, gebraucht zu werden. Nur, wie sollte das möglich sein, wenn einer wie sie sich an nichts und an niemanden je gewöhnt hat als an sich selber? Was sie liebt, ist die Ruhe, die Landschaft so wie sie sich ihrem inneren Auge zeigt, in der einer keine Verpflichtungen hat und kein Ziel als das eigene Selbst. Stimmt nicht, denkt Frau B. Es ist alles ganz anders. Aber man wird doch noch träumen dürfen.

Der Nachmittag ist längst vorbei, es wird kühler. Frau B. will nicht weiter denken, weil sie sich selber nicht, weil sie die Menschen nicht, überhaupt nie das Ganze des Lebens als Glück betrachtet hat und versteht. Wer kann denn auch Menschen verstehen, deren Leben, deren Geschichte ihr unbekannt, fremd ist! Und wie lernen wir einen Menschen denn kennen, wenn wir nicht wissen, was ihn geprägt hat, bewegt und was ihn zu dem gemacht hat am Ende, der er jetzt ist? Also geworden ist mit der Zeit? Dieses Werden, Gewordensein ist es, das ihm Gestalt gibt, Beziehung erlaubt und vieles ermöglicht. Frau B. kennt in dieser fast schon vergessenen Gegend niemanden mehr, keinen Menschen von früher. Nichts würde herauskommen, wäre sie hier, nichts als bloß Langeweile. Umkehren wäre gut, denkt sie, und weiß nicht genau, soll sie nun bloß die Richtung wechseln auf dieser Straße, einfach heimzu fahren, oder meint sie es anders.

Kalt ist es geworden, windig und feucht. Vernebelt. Hügel und Äcker sind kaum mehr zu sehen, nur ab und zu flitzt ein Licht vorbei, saust einer aufgeblendet dahin. Frau B. ist nicht wohl zumute in dieser Finsternis, sie hofft auf das Frühjahr, wenn alles grünt und blüht, wenn die Wege trocknen sind und der Teufelszwirn austreibt. Die Tage werden dann länger sein. Sie verdrängt das Gezerre in ihrem Inneren. Bald ist sie wieder in der vertrauten Stadt, in diesem Einerlei, aus dem sie auszuscheren gewillt ist und immer noch zögert.

Die Sehnsucht nach einer Tasse Tee beginnt nach und nach alle anderen Gedanken zu überlagern, selbst die Sehnsucht nach..., wonach eigentlich? Alles in Frau B. verkehrt sich in diesen kleinen, so leicht zu erfüllenden Wunsch.

Beim Aufschließen ihrer Wohnungstür öffnet der junge Nachbar die seine. Aber wieso denn, fragt Frau B. erschrocken, als sie sein blasses Gesicht sieht. Er erzählt von dem Zwischenfall mit der Frau aus dem oberen Stock, die auf Grund eines Schwindelanfalls, der sie niedergestreckt, ausgerechnet hier auf der Stiege..., da sei sie..., und er, der Nachbar, sei in der Nähe gewesen, habe zwar auch nicht viel tun können, aber doch wenigstens....! Von diesem Schock habe er sich noch nicht erholt, gesteht er mit kindlichem Blick.

Eine Frau, die sie kaum kennt, denkt Frau B., die sie

kaum je beachtet hat in all diesen Jahren. Wie fremd doch die Menschen einander geblieben sind! Deswegen wollte sie weg. Jetzt erfährt sie von dem Versuch des jungen Mannes zu helfen, von seinem Ungeschick, seinem Bedauern. Das findet sie irgendwie rührend. Wie er erzählt, wie er Hilfe geholt, die betagte Frau bis zur Ankunft des Krankenwagens beruhigt und vielleicht doch ein wenig getröstet hat...

Frau B. hört zu, erst ein wenig zerstreut. Doch macht sie sich plötzlich von ihrer Umgebung dieses Bild. Frau N. erhält beinahe Kontur durch den Bericht dieses Jungen, auch durch ihren Schmerz, den der Nachbar genau zu schildern weiß. Ihn sieht sie plötzlich als hilfsbereiten, mitempfindenden Menschen. Frau B. weiß noch nicht, was sie von all dem halten soll. Warum erzählt er ihr das? Klagend klingt was er sagt, so als wäre sie, die Frau B., schuld an allem.

Wo ist die Frau jetzt? fragt sie, ein wenig verärgert, in Wirklichkeit aber beinahe verlegen, das ist sie sonst nie. Ist es, weil ihr diese Frau bisher kaum aufgefallen ist? Weil ihr der Mensch da wegen seines vielen Geredes als kleiner Bub bereits auf die Nerven gegangen war? Frau B. hat noch seine Mutter gekannt, hat sich um diesen Jungen danach aber nie gekümmert. Wie lang ist die Mutter jetzt...? Ah, nicht möglich! Wie doch die Zeit vergeht! Ob er sich an das Alleinsein gewöhnt hat? Der Junge winkt höflich ab. Der Frau da oben, setzt er seine Rede fort, der geht's jetzt nicht gut, die Ambulanz hat..., und immer weiter redet er. Trotzdem geht Frau B. nicht weg von der Stelle. Wundert sich, wundert sich wieder. Warum eigentlich, denkt sie, hört sie immer noch zu?

Seltsam fühlt sie sich. Irgendwie anders, verärgert, doch innerlich leicht, wie von etwas beflügelt. Ihr selber tut nämlich nichts weh, sie ist völlig intakt, was ihr jetzt erst, in diesem Augenblick auffällt. Frau B.s Füße stehen so fest auf dem Boden, beinah als wüchsen ihr Wurzeln, und geradezu in diese grauen Steinstufen ihres Stiegenhauses hinein. Wurzeln, denkt sie verwundert! Was für ein lächerlicher Vergleich. Ihr geht es doch gut?

Die Melancholie dieses langen Tages ist plötzlich weg. Was für ein Unsinn einem doch einfällt, denkt sie. Was verspricht sie sich von dieser lächerlichen Suche nach einer anderen Wohnstatt? Hier ist sie doch ohnedies daheim, oder nicht? Hier gibt es Menschen, die sie kennt. Vielleicht sogar Pflichten, sie wird darüber noch nachdenken müssen. Frau B. murmelt etwas, das der Nachbarbub nicht ganz versteht. Sie selber auch nicht.

Die Rosse des Apoll

für Elisabeth

Phoebos Apollon richtete seinen Zorn wider mich in Gestalt seiner feurigen Rosse. Mit gewaltigen Stürmen brausten sie herab, ihre Mähnen und Schweife peitschten den Himmel. Was hätte ich dem Gott denn entgegenhalten können in meiner Schwäche, ihm, dem Unerbittlichen, dem man ja nicht nur Schönheit, sondern auch wilden Zorn und blindwütige Eifersucht nachsagt?

Wir waren nicht schuld an dem Unglück! Friedlich plauderten wir auf dem Waldhang, lachten und waren uns selber genug. Erfreuten uns am Anblick der Blumen und taufrischen Gräser, der sonnenbeschienenen Wiese, die an jenem Morgen Hyakinthos betrat, gefolgt von Apoll, der den reizenden Knaben sogleich um ein Diskusspiel bat. Wir zogen uns in das Dickicht zurück, um nicht zu stören, doch dem Wurfspiel der beiden sahen wir, im Blattwerk verborgen, mit Freuden zu, bis Hyakinthos' herzzerreißender Schrei uns unserem friedlichen Dabeisein entriss. Egeria war die erste, die tödlich erschrocken, aufsprang und fortlief, die Freundinnen folgten. Mich hielt ein Dorn an dem Strauchwerk fest. Noch bevor ich mich losreißen konnte, hatte der unglückliche Gott mich erkannt. Sein Schmerz ließ Schlimmstes befürchten. Wir hätten gelacht, ihn nervös gemacht durch Neugier und Weibergetratsch? Aber wir sind nicht schuld an Hyakinthos's Tod! rief ich voller Angst ihm zu. Er allein, und nur er, Apollon, habe den Unglückswurf getan...

Besinnungslos vor Zorn stürzte der Gott mir nach. Es wäre mein Tod gewesen, hätte Hephaistos mich nicht im letzten Moment vor seiner Rache gerettet und auf die himmlischen Weideplätze gebracht. Dort wähnte ich mich sicher, wusste ich doch nicht, was an jenem Tag mir noch bevorstand. Alles schien friedlich auf jenen Wiesen, doch vergessen konnte ich das Geschehene nicht. Der Duft nie gesehener Blumen, die plötzlich überall sprossen, betäubend in ihrer Schönheit, hüllte mich ein, und das Mitgefühl mit dem armen Knaben, die Angst vor der Unberechenbarkeit seines Besiegers wollten nicht von mir weichen.

Ich trocknete meine Tränen, wurde ruhiger bei den weidenden Tieren und redete mit ihnen. Stuten und Fohlen sprangen voll Lust um mich her und rieben, wo ich sie rief, ihre Wangen an meiner Hand. Nur eines blieb abseits am Waldrand, ein weißes mit schön gebogenem Nacken, das scheu die muntere Menge mied. Es widerstand meinem Anruf, sah mich jedoch unverwandt an...

So sanft und so friedlich war alles, dass ich das Westwärtswandern der Sonne als ein Geschenk, dem kommenden Abend als Ausruhen von den schicksalhaften Ereignissen des Tages voll Zuversicht entgegensah. Dankbar für meine Rettung, machte ich mich nützlich bei den Tieren, und bald schon hinkte Hephaistos vorbei und bat mich zu bleiben. Wohl seien die Tiere auf den Weiden mit meiner Hilfe nun versorgt; es gelte jedoch, sie auch nachts zu beschützen. Sei ich denn nicht durch mein Dasein, fragte er scheinbar leichthin, für sie alle verantwortlich? Auch für die westlichen Ställe? fügte er mit unschuldiger Miene hinzu, als er sah, wie ich erschrak. Sein Blick war voller Bedeutung.

Für die Hengste Apolls? Ach! Doch da meinte Hephaistos, die wilden Gespanne kämen bald schon zu Tal, und fänden die Rosse ihr Futter nicht vor, die Koppeln nicht vorbereitet, die Ställe nicht sauber, sei ihrer Raserei keiner gewachsen. Vor dem Zorn eines trauernden Gottes könne auch er mich nicht retten. Dann stünde es, meinte er salbungsvoll, auch schlecht um die Weiden...

O meine Herde! Einmal mit dir vertraut, ist doch Liebe für immer Gebot! War ich denn nicht verantwortlich für ihr Leben? Für das der Fohlen, und auch des einen, des einsamen weißen Tiers, das mir nicht zu Willen sein konnte? Es durfte nicht sterben! Jählings übersprang ich die Seile, umhalste meine Lieben, vermisste wieder das eine, das weiße Fohlen, und nahm Abschied von allen. Das schienen auch die Stuten zu ahnen. Nervös trabten sie hin und her und wieherten mir ängstlich zu. Im Hintergrund aber wartete das scheue, das Schönste der Weißen, doch es bewegte sich nicht. Also musste ich mich bewegen. Ich konnte nicht anders, lief auf es zu und umarmte es herzlich. Meinen Arm um die glänzende Schulter gelegt, bemerkte ich bald zwei Höcker an jeder Seite, und meine Verwunderung wuchs, als der Schöne bei der Berührung derselben, von irgend etwas bewegt, hell aufwieherte und in mein Ohr zu schnauben begann, zärtlich, so als spräche er Worte.

Im Laufen sah ich mich noch einmal um. Täuschte ich mich? Waren meinem Liebling denn Vogelschwingen gewachsen? Eine rosafarbene Wolke hing über ihm und den hoch gelegenen Weiden. Mir war, als stiege dort ein geflügeltes Ross auf im Abendlicht …

Die Sonne sank. Die westlichen Ställe begannen zu leuchten, blutrot, als ich ankam. Atemlos von der Eile, tat ich was nötig war, stopfte Heu in die Raufen, in die Tröge den Hafer, öffnete Luken, um alles gut zu durchlüften, befestigte Planken. Es war Eile geboten, denn schon begann die Erde zu zittern unter fliegenden Hufen, die Felder zu brennen von ihrer Glut. Die Zügel des Sonnengottes durchzogen gleißend den Himmel, ein Wind kam auf, und herab donnerte mit Lärm und Getöse das Feuergespann.

Schon stürmten die ersten der Rosse heran. Ihr Gestampfe, Geschnaube, von ferne schon furchterregend, erfüllte die Luft. Flink übersprang ich die Latten und barg mich hinter dem Futterstroh, das dahinter gestapelt lag. Was dann hereinbrach, lässt sich mit Worten nicht beschreiben. Ich hatte ja nur die Rosse erwartet, jetzt aber schien es, als sei noch etwas anderes im Kommen.

Phoebos Apollon! schrie Hephaistos mir zu. Die Stunde der Rache! Nun rette dich, wenn du kannst! Er selber eilte davon, so schnell ihn seine verkehrt gewachsenen Füße trugen, warf die Fluchttür von außen zu und ließ mich allein.

Wiehernd stoben die Hengste umher, hoch flatterten ihre Mähnen. Feurige Zungen durchzuckten die Ställe so wie draußen das ganze Tal, als mit einem Sprung über die Hürden das herrlichste aller Rösser herabkam, sich bäumte und schon durchs Tor war, hoch über mir sein lohendes Haupt. Was schützte da diese Holzwand, über die ich gesprungen? Was half mein Bitten und Flehen? Schon schlugen die funkensprühenden Hufe alles entzwei, donnerten gegen die Sperrung, dass die Späne flogen. Ich ließ mich hinter den Strohballen gleiten. Nur ihm aus den Augen, dachte ich, dem beleidigten Gott! Barg mich, kleiner und kleiner werdend, kleiner als eine Maus und beinahe unsichtbar, flach in das Stroh gedrückt.

Über mir wieherte, tobte und wankte alles, schlugen wütende Hufe ihr Gefängnis entzwei. Hephaistos! schrie ich. Hinkender, hilf! Da sprang das östliche Tor plötzlich auf, die Rösser sprengten hinaus, und Phoebos, der unberechenbar Zornige nach dem Tod des Hyazinth, für den er mich, weil sonst niemand da war, den er beschuldigen konnte, strafen würde, ewigkeitslang; wandte mir seinen goldbraunen Rücken zu und ließ endlich ab von mir. Der Schaum aus seinem dampfenden Maul wirbelte noch durch die Luft, als der Wilde auf seine Füße kam. Wolken stiegen auf aus seinen Nüstern. Ich hob erst den Kopf aus dem Stroh, als der himmlische Hengst durch das Tor wie ein Brandpfeil ostwärts hinausflog.

Zitternd richtete ich mich auf. Mir versagten die Knie. Ich habe dich nicht gescholten, großer Apoll! brach es aus mir heraus, eine viel zu spät vorgebrachte Rede. Dich hat dein Schicksal getroffen wie nur irgendeinen Unglücklichen dieser Welt, rief ich. So wie mich das meine …

Erwachend unter Tränen, die nicht aufhören wollten

zu fließen, strich ich die Schweißperlen von meiner Stirn. Mein erster Blick fiel auf das Hyazinthensträußchen neben mir auf dem Nachttisch. Blauviolett war die Farbe seiner Blüten, schwer und süß sein Duft.

Dann erforschte ich mein Gewissen.

Sonnentänzer

für Willi Meissel

Ockerfarbene Sandsteinklippen[1] ziehen die Blicke steil über senkrecht zyklopische Mauern, hundert Meter und mehr, so hoch stehen sie da in urzeitlicher Formation. Zwischen Rissen und Spalten, in kunstvoll verfertigten Löchern und Höhlungen im versteinerten Sand nisten Schwalben. Von oben, von den Terrassengärten voll Obst und Wein, mit dem Blick aufs Meer hinaus und in die Weite, konnte ich sehen, wie sie aufstiegen, über dem Klippenrand schwebten für eine Weile und sich wieder hinabließen in ihr Reich, ohne Schaden zu nehmen. Großmütig duldeten sie mein Dasein, doch nicht ohne Warnung, wenn ich, von Neugier getrieben, dem gefährlichen Steilsturz zu nah kam. Rasch tat ich den rettenden Schritt zurück und dankte ihnen, denen sonst keiner dankt.

Möwen kreischten im Wind, Spatzen versammelten sich in den Bäumen. Ein Schwirren war das, ein aufgeregtes Gezeter, wenn über alldem ein Raubvogel kreiste in majestätischem Flug, die Schwingen gespreizt, um Kraft zu sparen für einen jähen Sturzflug.

Ohne zu ermüden beschäftigten sich meine Augen mit Lebendigem auf der Erde und um mich her, mit Eidechsen, in der Dämmerung mit Igeln. Nur eines der Wesen, das in den Klippen hauste, wollte nicht beobachtet werden; und nicht im Traum wäre mir einge-

[1] Erinnerungen an Piran

fallen, einen spähenden Blick über den Zaun und durch jenes Gitter zu werfen, dahinter es sich verbarg, nicht einmal im Geheimen und aus den Augenwinkeln heraus durch den Wimpernschleier, der seine Schutzfunktion ohnedies bald verlor in dem Spannungsfeld, das ihn umgab. Wollte einer an jenem Grundstück vorbei – es gab keine andere Verbindung zu der tief unten verlaufenden Straße – verzögerte sich sein Gang, die Sohlen setzten sich leiser auf. Unwillkürlich verhielt er den Atem, sogar am helllichten Mittag, wenn doch anzunehmen war, dass auch der hinter dem Zaun Siesta halten würde, müde und ruhig.

Einheimische kannten die Zeiten seiner Abwesenheit. Sorglos gingen sie ihres Wegs, sobald sie ihn auswärts wussten. Von meiner über dem Weg gelegenen Terrasse aus lauschte ich ihren Schritten und nahm mir vor, Notizen bezüglich günstiger Tageszeiten zu machen, mich anzupassen an die Situation, einzurichten, wie andere auch, in der Beschränkung.

Seit Menschengedenken gliedern die istrischen Klippen sich in Terrassen, fruchtbare Böden, bewachsen mit üppigem Grün. Kaum einer der parallel zum Steil sturz verlaufenden Gärten ist mehr als sechs oder sieben Meter breit, bepflanzt mit Blumen, mit Wein und Obst. Erst nach der dritten oder vierten Terrasse, manchmal nach einer fünften, bricht das Gelände senkrecht zum Meer ab. Von der Uferstraße aus, von ganz unten, sind Grat und Kante wegen der Höhe ja kaum erkennbar, da müsste einer schon auf ein Schiff und hinaus, aufs Meer.

Piran, von oben gesehen

Luftig und abgeschieden lebt es sich auf diesen Höhen; still, von manchem Unerwünschten verschont. Singvögel haben es gut hier, Bienen und Schmetterlinge. Echsen wissen sich ungestört und verlassen gewohnte Sonnenplätze selbst dann nicht, wenn Menschen vorübergehen. Gesegnete Orte. Doch der, von dem ich erzählen will, ließ dieses friedliche Miteinander nicht gelten. Nicht, dass ich sein barsches Fordern, von neugierigen Blicken verschont zu sein, hätte in Frage stellen oder gar missachten wollen; auch mir ist ja von jeher Privates privat, unter Menschen; und selbstverständlich schirme auch ich mich, wie andere, vor Ungebetenem ab, weiß eine Menge Tricks, um Beobachtern zu entwischen.

Das wuchtige Steinfundament meiner Wohnstatt lag zwischen Weinstöcken und Pfirsichbäumen im Schatten verborgen. Darauf, durch seitliche Stufen erreichbar, thronte auf der nächsthöheren Ebene das schmucke Haus. Die marmorbedeckte Terrassenfläche umgaben Ranken und Zweige. Rundum wehrte das Geschling der Passiflora neugierige Blicke ab; Rosen, Granatapfellaub und die dunklen Kaskaden der Zeder. Nichts störte, beengte oder beschwerte mein Dasein. Warum also hätte ich anderer Geschöpfe Bedürfnis nach Ruhe missachten sollen?

Von Horizont zu Horizont umspült diese Ufer das Meer. Unbeschränkt frei zog mein Blick hinaus und ließ alle Gedanken zu, selbst die verwegensten. Trotzdem, oder eben deshalb: Mir saß die Neugier im Fleisch. Gesättigt von der ewig gleichen Bläue des Panoramablicks, einem wolkenlos reinen Himmel, so dachte ich, darf einer sich doch mehr als anderswo nach Bewegung sehnen; und Nerven, ausgeruht, verlangen nach Spannung...

Nachts schärfte sich mein Gesicht. Selbst das Gehör wurde feiner. Das Weinen der Katzen holte mich aus dem Schlaf, der Gang eines Igels zog mich hinaus auf die mondbeglänzte Terrasse. Das Weinlaub bebte. Geräusche der Nacht. Geschöpfe suchten und fanden einander, und das Schimmern der Himmelszeichen beruhigte auch mich.

Im ersten Frühlicht schob ich die Staffelei vor die Tür, schwenkte als Auftakt des beginnenden Tags die trokkenen Pinsel durchs Glas. Etwas, dachte ich, muss beginnen. Aber dann klappte ich, plötzlich entschlossen, den Farbkasten wieder zu und stieg die wenigen Stufen hinab zum Fußweg, der auf der tiefer gelegenen Ebene den Zaun entlang lief, parallel zum Steilabfall abbog und in schrägem Verlauf irgendwo in der Tiefe endete.

Die Busstation wollte ich erreichen, auf der Strecke Izola – Bernardin. Um einzusteigen und irgendwo aus, um wenigstens einmal am Morgen gewesen zu sein, wo ich nie war; um wenigstens einmal an jener Haltestelle zu stehen und eine Weile zu bleiben, vielleicht nur, um mein Zögern belächeln zu können, wenn ich den Bus ohne mich abfahren ließ.

Noch einen anderen Grund gab es, den verbotenen Weg zu betreten: Warum sollte es nicht erlaubt sein, diesen Gartenzaun wie jeden anderen zu passieren, dabei jenen unvergleichlichen Duft einzuatmen, der von einem Feigenbaum ausging, dem breitesten, schönsten, den ich in dieser Gegend gesehen?

Nicht am Morgen! hatte Marijana gewarnt. Nicht zu dieser Stunde! Warten Sie eine oder zwei, bis die Sonne höher steht. Glauben Sie mir, es ist besser so. Die fremd hier sind, verstehen das nicht.

Ach, Marijana! Warum denn, antwortete ich. Mein vorsichtiger Schritt und meine immer bloß in das Blattwerk gerichteten Augen wollen ja niemanden stören, und hier ist das Laub so dicht! Einmal, ein einziges Mal nur am Morgen dieses Gitter entlanggehen! Auf Marijana hörte ich nicht, ich ging. Tat ein paar Schritte, mehr waren es nicht.

Blieb mir das Herz stehn? Ein Sprung! Ein Schrei! Eine Bestie, schwarz wie die Hölle, flog auf hinter dem Gitter, das schien vornüber zu kippen, direkt auf mich zu. Schwarze Ohrflügel oder das, was auszumachen war in der wirbelnden Luft. Kein Bellen, vielmehr ein Ohren betäubend verstörendes, weil zutiefst verstörtes, Sich-zur-Wehr-Setzen einer verletzten und also verletzenden Kreatur. Bös, hintergründig! Zornige Pranken schlugen gegen den Zaun, sprangen von innen her wutschnaubend an ihm hoch.

Aber da war ich schon wieder die Stiegen hinauf und auf meiner Terrasse, stolpernd in jähem Sprung; fing mich, schlüpfte durch die Lamellentür ins abgedunkelte Haus, zitternd vor Angst. Es dauerte, bis ich zu Atem kam, bis die Knie sich fest genug fühlten und ein Blick nach draußen nicht mehr allzu gewagt schien. Die Sonne warf Schattenbalken über das Dach; auf der Terrasse erschienen dunkle neben grellgoldnen Flecken; unruhige Schatten eines Kirschbaumzweigs, der über den First hing.

Mit der Behaglichkeit in dem Garten Eden schien es vorbei. Kleinlaut verhielt ich mich an jenem Tag. Starrte am nächsten Morgen früher als sonst durch das Fenster, beim ersten Lichtschein suchten die gierigen Augen den tiefer gelegenen Grund ab, die schmale Gartenfront unter mir, nicht abzusehen ihre Ausdehnung zu meiner Linken. Weit entfernt und verschwommen im grauen Dunst, schwebte auf schlanken Säulen ein rotes Dach über dem Grün. Dort, hatte ich es doch vom ersten Tag an vermutet, war jenes Ungeheuer daheim.

Die Sonne stand noch nicht hoch. Deshalb war es möglich, unter der Blätterkrone der Bäume eine tagsüber im Dunklen verborgene Stelle zu orten, auf die plötzlich, schräg vom Osten her, erste Helligkeit fiel: eine kahle, kreisrunde Mulde im Sand, in die sich nach längerem Hinsehen – ein Naturereignis, das zu keiner anderen als zu dieser Stunde möglich war – wie flüssiges Gold ein erster Sonnenstrahl goss, während rundum noch alles in tiefem Schatten lag; eine magische Stelle, von dem alten Feigenbaum überdacht, dessen Schatten jetzt gegen Westen zu meerwärts fiel. Von mir aus gesehen, schien diese Stelle im Licht weit aufzugehen, groß wie ein Sonnentor und voll der strahlenden Wärme; Grund genug, was bei Tag nie zu sehen gewesen war, nie zu sehen sein konnte, mit den Augen zu halten.

Und plötzlich stand er davor, der Wilde! Die Schnauze wie ein Herrscher erhoben! Er musste sich unbeobachtet fühlen, das verriet seine Haltung, arglos, frei und allein. Erst legte er den zottigen Kopf so schief, als wolle er seine Kuhle prüfen, doch schon im nächsten Moment ließ er sich ganz hinein, leise Geräusche des Wohlbehagens drangen herauf bis zu mir. Plötzlich schnellte der sehnige Leib hoch auf, drehte sich in der Luft, ließ sich fallen und wühlte sich, mit genüsslichem Schmatzen, geschmeidig wieder ins Sandloch; hechelte, wälzte sich auf den Rücken, die Läufe nach oben gerichtet, zum Spiel mit der Luft.

So begann dieses Wiegen und Schmiegen, ein lustvolles Hin und Her und wurde mit Singsang, Gegurgel und Schnalzen zum ungewöhnlichen Spiel. Waren es Lach- oder Sangeslaute, die das Tier in seiner Seligkeit derart unbekümmert ausstieß? Redete es mit sich selber? Zufrieden mit sich und der Welt, täppisch und überaus friedfertig schien da der Schreckliche; ohne Arg und voll der natürlichsten Anmut. Reglos stand ich hinter der schützenden Scheibe. Wenn ich blieb wo ich war, konnte kein Verdacht gegen mich aufkommen. Selbst das Öffnen der Glastür, so leise wie gar nichts, müsste mir jetzt gelingen, dachte ich, und folgte bald fasziniert, von der Terrasse aus, dem munteren Tanz.

Schon übersprang die Sonnenhitze mein Hausdach, als unten, im fremden Garten, das große Gleißen begann. Die Lichtflut war über die ganze Weite der Gärten geschwappt, übergoss das Feigenlaub mit flüssigem Gold und machte es glänzen. Die kleinen, knotigen Früchte traten aus ihren Verstecken, Konturen verschärften sich. Die Sonne brach durch Olivenbäume und Astwerk, der sandige Boden darunter begann zu glitzern, zu blenden im Licht.

Über der Sandgrube stieg eine Staubsäule auf. Senkrecht wie ein Geschoß und mit unglaublicher Kraft schnellte ein schwarzer Knäuel durch den wirbelnden Glast, Staubwolken im Lichtgefunkel, und fiel im selben Atemzug wieder hinab in die Mulde, aus der er, ohne Ermüdung, mit atemberaubender Behändigkeit immer höher hinauf flog und sich fallen ließ, so dass das Sandloch nur für den Bruchteil einer Sekunde meinen Blicken sich bot. Alles war dicht umwirbelt vom Staub, in dem sich die Leuchtkraft der Sonne zu multiplizieren schien, ein Funkengeschleuder, das selbst der alte Apoll nicht herrlicher hätte entfachen können. Das Jauchzen der Hundekehle mitten darin, das Springen und Keuchen, wollte kein Ende nehmen.

In Wahrheit dauerte alles zusammen vielleicht nur Minuten. Dann glitt das Sonnenfeuer westwärts hinweg. Der Staub begann sich zu legen, kürzer wurden die Sprünge, die rollenden Juchzer des seltsamen Wesens, Gejapse, Gekeuche, wurden ruhiger und beruhigten sich schließlich ganz. Schon zog sich der Schatten des Feigenbaums über der Mulde zusammen, und still wurde der Schwarze, langsamer seine Bewegungen, bis er schließlich erschöpft, mit hängender Zunge, auf wackeligen Beinen dastand...

Täglich zur gleichen Morgenstunde harrte ich aus am Fenster, fasziniert von dem Lichtglanz; beobachtete die magische Kraft der Sonne auf jenem winzigen Bühnenrund unter mir; und ihn, den Gefürchteten, wie er jedes Mal mit dem gleichen zögernden Schnuppern daherkam, nach Osten zu seine Schnauze freudig erhob, und dann wild und ungebärdig immer den gleichen Lichttanz vollzog, taumelnd vor Glück, und im glitzernden Sand sein Sonnenbad nahm. Jeden Morgen das gleiche Schauspiel, ein Ritual. Einmal schob ich die Glastür weit auf und mich selber hinaus bis vorne hin an das Geländer. Mit dem Wind im Gesicht, so dachte ich, könne ich endlich von hier aus jenes Spektakel betrachten, ungewittert vom Sonnentänzer und unbemerkt.

In respektvollem Abstand lagen die wenigen Häuser, die es hier oben gab, tief im Laubwerk verborgen. Es gab keine Zeugen. Das Nachbargrundstück, hinter Gemäuer und Passionsblumenranken hingeduckt, war weit entfernt. Der Fußweg zur linken wie der zur rechten Seite, die Klippe entlang und abwärts zur Stadt, blieb morgens ohnedies menschenleer.

Silberglatt lag das Wasser von Horizont zu Horizont. Weit draußen hatten zwei Pünktchen sich aus dem Dunst gelöst und in Fischerboote verwandelt. Sie zogen Spuren durchs Blau und tuckerten langsam herein, schwarze Tücher an ihren Masten. Uferschwalben pfeilten von den Zypressen in das Gebüsch, hinter dem sie verschwanden, aufstiegen und wieder verschwanden. Taubenetzt wippten die Rosen an ihren Stängeln, scharlachrot, gelb und weiß. Ihr Duft vermischte sich mit dem Feigengeruch, der von dem tiefer gelegenen Grund aufstieg.

Er hatte wieder zu tanzen begonnen. Wirbelte im Drehen den weißgoldenen Staub immer höher und höher auf; vollführte über der sonnendurchfluteten Mulde sein virtuoses Ballett. Senkrechte Sprünge wechselten mit schrägen, gewagte Drehungen folgten. Der Wilde katapultierte sich hoch gleich einer Feder, probierte ein Salto in seinem Übermut, fehlte; versuchte es wieder. Auf flogen die langen Ohren, sein zottiges

Haar durchzog wie schwarze Segel die Luft. Scheinbar gewichtlos schnellte der sehnige Körper senkrecht durch Wolken aus Staub, durchstieß die lose schwingenden Zweige und ließ sich in sein Lichtbett herab, heulend vor Lust. Wälzte und wiegte sich, rollte sich her und hin mit immer wilderem Gesang.

Nur in Trance, dachte ich, sei ihm dies möglich. Solche Bewegungen schaffe er nicht auf gewöhnliche Weise. Er wiederholte die Figuren seines Tanzes bis zur Erschöpfung. In dem schlappernden Zungengeräusch verriet sich ein triefendes Maul. Trotzdem warf er sich noch ein letztes Mal in die Mulde und drehte sich auf den Rücken; langsam, und so wie es aussah, beinah mit Bedacht, so als könne dieses einzigartige Glück der Verschränkung von Licht, Lust und paradiesischer Heiterkeit nur durch Einhaltung einer besonderen Ordnung gelingen, im Klippensand eingeübt an allen Sonnentagen, die der Himmel ihm bot.

Schon zog sich der flimmernde Lichtstrahl ab von dem Sandloch. Doch würde er wiederkehren, pünktlich mit der Gewissheit jedes kommenden Morgens. Mit sich endlich fertig geworden, erhob sich der Zottige aus seiner Mulde, betrachtete, hinter sich blikkend noch einmal sein Werk und schüttelte dann den überschüssigen Sand aus dem Fell. Trotz seiner Erschöpfung tat er das gründlich, taumelte ein wenig dabei und stand plötzlich reglos da, den Blick auf mich gerichtet.

Unter dem Feigenbaum war nichts geblieben als Schatten. Das weiß lackierte Geländer vor mir hörte zu zittern auf, als ich es losließ, das Bühnenlicht unter mir war erloschen, als die Gestalt des Sonnentänzers in seiner ganzen Kontur zu erkennen war, während er, wie gebannt die Schnauze in meine Richtung gedreht, zur Sonne oder zu mir, gleich einer Statue dastand.

Allzu jäh hatte er mich entdeckt. Ich erkannte das Zucken seines Fells. Er starrte mich an, hätte auch lospreschen können gegen den Zaun, gegen mich wie gegen sein Schicksal. So überrumpelt war er, dass er darauf vergaß; mir dadurch, so fuhr es mir durch die Seele, merkwürdig nah.

Kein Laut kam aus seiner Kehle. Stattdessen tappten die sonst so wendigen Pfoten unsicher vor und zurück; nahmen jedoch, trotz sichtbarer Irritiertheit, ihren einmal eingenommenen Platz immer wieder ein. Die schwarzen Ohren des schönen Tiers hingen reglos herab. Die buschige Rute, eben noch lustig im Schwung, zeigte keine Bewegung.

Bin ich nicht, fragte ich mich beschämt, jetzt aufgefordert, zu zeigen, dass ich nichts Böses hier will? Nichts als nur da sein, einfach und friedlich und durchaus einig mit ihm inmitten des Ganzen?
Er rührte sich nicht. Stand da, wie ein Stein. Sah mich nur an, die Schnauze vorgestreckt, das Maul halb geöffnet.

Ich weiß nicht, wie es geschah. Es brauchte keinerlei Überlegung. Ich hob die Arme hoch in die Luft. Leicht, langsam, so als sei dies das Natürlichste dieser Welt. Wie Flügel, an ihren Enden aufgespreizt, ja gefiedert, begannen sie von selber sich aufzuschwingen und weich zu senken. Dann zog ich eines der Beine waagrecht empor, straff das Gleichgewicht haltend. Der stehende Fuß drehte sich seitwärts, ließ das andere Bein ausschwingen, kreisen, dann folgte die Gegendrehung. Es mussten gelassene Bewegungen sein, die wilden des Tieres waren mir ja verwehrt. Umso genauer verfolgte dieses mich mit seinen Blicken. Um nicht zu wanken, rührte ich an das Geländer mit jener Hand, die am Schwung der anderen gerade nicht beteiligt war. Ich bog und beugte, hob und senkte die Gliedmaßen ohne Hast, vollzog den seltsamen Tanz, oder was es nun war, Morgengymnastik hätte es jeder Vorbeikommende selbstverständlich genannt; wer kennt denn schon anderes?

War es die Besonderheit jener Lichtereignisse auf der Klippe, oder bloße Laune, unbewusst herbeigerufener Zufall, dem ich entsprechen musste mit meinen Mitteln? Ich hätte nicht sagen können, warum.

Die Schwalben über dem First schrien und schwirrten auf, blitzschnell rotteten sie sich zusammen und pfeilten erregt davon. Ich hing wie an einem Seil, das dünner und dünner wurde mit jeder Drehung. Mein Gewicht, plötzlich spürbar, blieb gehalten einzig von einem Gedanken. Der Faden, an dem ich hing, durfte nicht reißen, deshalb fing ich mich nach einer schwindelnden Kurve und zog mich nieder, kam herab von den imaginären Seilen aus Himmelsblau, das wie zur Antwort in meine Bewegtheit mit einfiel, mich umkreiste und sich in den irdischen Lichtrausch mächtig herabließ. Nach einer Weile erst kam ich zu mir zurück, klammerte mich ans Geländer.

Mit gestrecktem Hals hatte der da unten der Vorführung zugesehen, auf gespreizten, weil unsicher gewordenen Läufen, so als müsse auch er nach all dem, was da eben war, sein Gleichgewicht finden. Du hast recht, sagte ich leise, doch immerhin so, dass er mit seinem besonderen Gehör etwas vernehmen musste. Du bist mir gegenüber im Vorteil, du weißt es nur nicht. Dein Sandloch, das ich gesehen habe, obwohl kein Mensch es je hätte sehen dürfen, ich sage es neidvoll, bleibt unerreicht...

Unnötig derlei Reden. Der da unten ließ es mich wissen. Seine Antwort kam verärgert, wenn auch respektvoll, ein verhaltenes Knurren, bevor er sich löste aus meinem Bann und einen ratlosen, wie mir schien, schmerzlich bedauernden Blick hinter sich zu der Sandkuhle warf, die im Schatten des Feigenbaums meinem Blick jetzt entzogen war. Die Sonne stand hoch. Der Tag hatte alles verändert.

Vor dem Davongehen wandte er sich noch einmal um und mir zu. In dem Langen, Zögerlichen seines Blicks meinte ich ein Gemisch von Trauer und zugleich von Verachtung zu erkennen. Oder war es bereits Langeweile, die er für mich empfand? Er ging still, ohne Aufsehen. Das Rascheln des Laubwerks ließ die Richtung erahnen, in die er lief. Südwärts, wie zu vermuten war; auf das Haus seines Herrn zu.

Von da ab wartete ich vergeblich auf das morgendliche Schauspiel. In diesem Teil des Gartens ließ sich das Tier nicht mehr blicken. Die Sandmulde, täglich bei Sonnenaufgang sichtbar, blieb leer. Trotzdem stand ich jeden Morgen zur gleichen Zeit, gut verdeckt, an den Lamellen; nahm das Fernglas, um nur ja nichts zu versäumen, doch es gab nichts mehr zu sehen. So scheu und so fern blieb von nun an die Kreatur, dass selbst ihr Jaulen nur mehr wie leises Weinen mein Ohr traf.

Marijana senkte den Blick, als ich einmal beim Frühstück darüber zu reden begann, ich sagte nicht alles. Sie stellte die Butter zum Brot und ein Glas Passionsfruchtmarmelade auf den Terrassentisch. Selbst gekocht, sagte sie kurz und ging gleich wieder weg.

Weit draußen im Blau zog ein Schiff vorbei. Der Kaffee schmeckte nicht an dem Tag, und das Brot blieb zur Hälfte liegen. Mit schrillem Gekreisch stürzten die Spatzen herab und rissen die Krümel vom Teller.

Der Tod der Zeder

Hundertfältiges Grün drängte sich unter der Zeder, die oben an ihrem höchsten Punkt im Blau die Splitterung ihres kostbaren Stammes wie eine Auszeichnung trug, so ungebeugt, so überaus herrlich stand sie im Garten. Seht her, ihr Kleingläubigen, trotz dieser Wunde auf meiner Stirn bin ich stark und schön. Ich klage nicht, trage stolz was unvermeidbar war im Gewitter.

Das nächste Unwetter fällte sie dennoch. Quer lag ihr dunkles Geäst am Morgen über dem Weg, in Splittern der schlanke Stamm, vom Blitz der Länge nach abgeschält, bis auf ein Stümpfchen zerrissen.

Und so blieb die Trauer des Gartens mir im Gedächtnis: Die Margeriten, der Goldlack, der Mohn und alle die Rosen erschienen auf einmal ganz blass. Fahl hing das Weinlaub zur Erde, der Pfirsich- und der Granatapfelbaum verloren ihren paradiesischen Glanz. Die Ranken der Passiflora sanken vor Weh zu Boden, Tränen rannen aus fahl gewordenen Blütensternen und sammelten sich still in einer Pfütze. Die bröckelige Mauer, die mit der üppigen Passionsblumenpracht so herrlich geschmückt war, wirkte seltsam entblößt, wollte beinahe niederbrechen vor Schmerz und inständigem Mitgefühl.

Der Symphonie des Grün im Garten fehlte der eine dunkle, der tiefe, der alles bestimmende Ton der Zeder. Was vorher so unbekümmert und bunt, so heiter und fröhlich gewesen, stand da, verhalten und scheinbar ratlos, außer sich ob dieses großen Verlusts. Und melancholisch...

Begonienrot

Die Begonien in dem Geviert leuchten zwischen den Steinen, überstrahlen in hohen, einander übersteigenden Tönen das Grün. Zwischen zahllosen purpurgeäderten Knospen brechen die Blüten auf. Nur darunter, im Schatten ist Welkes. Es braucht eine Weile, bis das von zu früher Vergänglichkeit schwärzlich verdorrte Gewöll inmitten der strotzenden Pracht mit den Fingerspitzen befühlt, erfasst und gesammelt ist, Handvoll um Handvoll.

Die Erde erweist sich als hart im späten Sommer, rissig, vertrocknet. Erst nach dem Aufbrechen oberster Krusten legt das Werkzeug tiefere Schichten frei, lässt zwischen Wurzeln und Würzelchen Luft und den nötigen Atemraum, der ihnen Kühlung und neues Wachstum verspricht. Ameisen laufen auf sonnenheißem Granit mit roten Baumwanzen um die Wette; die halten an, ratlos vor Schreck, bis ein kräftiger Wasserstrahl sie in uneinsehbare Löcher treibt.

Mühsam richtet Marie sich auf, streicht mit der Hand die Konturen des Steins und der gusseisenen Zierung entlang und tritt zurück. Ihr genügt, was den einwärts gerichteten Sinnen sich zeigt; nur so kann sie sich später erklären, dass die Anwesenheit einer lebenden Menschengestalt hinter ihr so lange Zeit unbemerkt blieb. Um mit Dahingegangenen zu reden, braucht es ja weder Gesicht noch Gehör.

Lebende Wesen machen sich meist durch Geräusche bemerkbar. In diesem Fall sind es hochhackige, rote

Sandalen, die selbst beim Stehen noch knirschen im Kies, kleine Löcher darin hinterlassen, die sich gleich wieder schließen; für Ohren, die an Stille gewöhnt sind, am Ende aber doch laut genug.

Maries Augen, an Begonien gewöhnt, ihre flammroten Büschel, bleiben am Begonienrot eines geblümten Stoffes hängen, nehmen ihn wahr als Teil jenes Ganzen, das sie hier blühend umgibt, vergänglich wie alles rundum und auch bald wieder fort. Marie nimmt die Gartenschere zur Hand, um den niedrigen Buxbaumrand zu beschneiden, der das kleine Geviert umschließt. Jetzt erst macht die Gestalt in dem Blumenkleid sich bemerkbar.

Sie kennen mich noch? Sie müssten sich an mich erinnern!

Die junge Frau, die da steht, macht ein paar Schritte, sie weicht den Gartengeräten aus, die verstreut herumliegen. Marie wirft einen kurzen Blick in das junge Gesicht und weiß nicht, was sie antworten soll. Ihr ist eben ein anderes Gespräch unterbrochen worden, ein inniges; und das freundliche Wort, das sie einer Fremden hätte sagen können, vergisst sich von selber.

In Wahrheit ist ihr die zarte Gestalt in dem roten Kleid nicht unbekannt. Bei näherem Hinsehen zeigen sich auch zwei kleinen Grübchen zu beiden Seiten des zum Sprechen hochgezogenen Munds, und die eigenwillige Aufwärtsbewegung des runden Kinns ruft vergessene Bilder hervor, jähes Einklinken in eine tiefe Kerbe der Zeit.

Wie lang ist das her...? fragt Marie. Zehn Jahre? Oder noch mehr? Viel mehr! Ihre Mutter, junge Frau..., Ihre Mutter hat sie vermisst!

Aber nein, Marie spricht das nicht aus, erwähnt nicht den Schmerz und die Sehnsucht der kranken Marth nach ihrer verlorenen Tochter.

Die junge Frau, sichtlich verlegen, lenkt ab: Sie sehen, da bin ich...

Marie versteht. Wollte doch einstens auch sie, und von jeher, weg von dem Ort und irgendwohin. Trotzdem, oder eben deswegen gibt es nichts, was sie mit dieser zierlichen, reichlich gezierten Person, verbindet.

Dennoch geht Marie wenig später bereits auf dem Kiesweg neben ihr her, begierig nach einem Lebendigsein, das sie nicht kennt. Geht fraglos her neben der Tochter der alten Marth, deren Qual im Endkampf des Lebens sie nicht fassen kann und doch schon vorausfühlt in sich selber. Die Marth wird ihre Krankheit nicht überstehen. Ihr selber, Marie, ist vielleicht doch ein besseres Los beschert. Oder?

Es fällt ihr nicht ein, besondere Höflichkeit walten zu lassen für eine Tochter, die sich trotz verzweifelter Bitten der Mutter, daheim nie blicken ließ. Warum soll Marie ihr jetzt schöntun? War die kranke Marth zu schwach, sie zu sich zu rufen, Marie wird das auch nicht zuwege bringen. Lässt sich stattdessen auf ein Gespräch ein und teilt neidvoll die Fröhlichkeit mit dem jungen Geschöpf.

Die beiden biegen jetzt in einen Seitenweg ein, die Junge stakst auf dünnen Absätzen selbstbewusst durch den Kies und redet und redet. Marie bringt die Mahnung, die angemessen wäre, nicht über die Lippen. Die Marth ist ja, denkt sie, aus dem Spital entlassen, zur Not versorgt mit allem, was einer braucht, um ruhig sterben zu können. Und jetzt ist sogar diese Tochter gekommen. Ist Marie denn nun schuld daran, dass die, statt bei der Mutter zu wachen, zu ihr kommt? Als ein Zeichen? Als Botin eines neuen Lebens, leuchtend im schönsten Begonienrot?

Von weit her? fragt Marie. Von wie weit...? Und wie sie denn, ausgerechnet an diesem Ort, die alte Nachbarin aufgespürt?

Wie es der Mutter heute Morgen ergangen sei, hätte sie fragen sollen. Und ob vielleicht doch ein Arzt sich gefunden, der die Schmerzen erträglich gemacht hat? Und ob man doch irgendetwas Gutes tun könne für die Kranke?

Es bleibt beim Ansatz zu diesen Sätzen. Besser gesagt, Marie sagt davon nicht einmal ein Wort. Denn schon beschäftigt sie sich mit einer ganz anderen Geschichte. Warum dieses Kind denn gerade hierher gekommen sei, es gäbe doch andere Möglichkeiten.

Die Antwort ist Achselzucken. Wo denn, um Himmels Willen, könne einer in dieser gottverlassenen Gegend spazieren gehen? gibt die Tochter der Marth die Fragen zurück. Es sei doch recht gut hier, nämlich die Luft. Und die Fahrt sei so langwierig gewesen, dass am Ende ein Ort wie dieser...

Die junge Frau hat Humor, denkt Marie. So viel Fröhlichkeit beruhigt sogar ihr eigenes Gewissen, also setzt sie den Tonfall in lockerer Rede fort. Das Dorf, finde sie, sei in letzter Zeit sehr verändert, überall sei alles von Fahrzeugen hässlich verstellt, die schlechten Wege rundum für Wochenendgäste kaum attraktiv...

Hier aber, meint die Junge drauf zögernd, fühle einer sich deutlich besser, die ganze Anlage sei ein erfreulich gepflegter Fleck. Dabei schüttelt sie ihr langes, rötliches Haar, so als schüttle sie etwas ab mit dieser Bewegung.

Nicht deswegen ist Marie verwundert und seltsam berührt; eher wegen ihrer eigenen seltsamen Reaktion. Denn selbstverständlich hätte sie zu dem Zeitpunkt noch eine Antwort auf ernsthaft zu stellende Fragen einfordern können. Stattdessen heftet sie interessiert ihren Blick auf das junge Gesicht, mit prüfender und zugleich besorgter Miene, betrachtet kennerisch das Kleid, das leuchtet wie die Blumenrabatte neben dem Weg, begonienrot, in der Farbe des Lebens.

Als sie vor der alten, von Efeu überströmten Mauer eine steinerne Schale gewahrt, die Blüten darin von der langen Hitze verdorrt und verdorben, durchfährt sie der Schmerz darüber wie eine Krankheit. Alles geht dahin, denkt Marie. Was haben wir denn, was mehr wert sein könnte, als das Leben? So kommt es, dass sie den Redeschwall der jungen Frau neben sich nicht unterbricht, sondern zuhört und gar nichts, wirklich rein gar nichts ihr vorwirft.

Mit munteren Schritten setzt die Tochter der Frau

Marth Fuß vor Fuß. Die Riemen ihres luftigen Schuhwerks geben die feine Form ihrer Zehen frei, die lustigen, purpurgelackten Farbtupfen an ihren Spitzen. Freimütig sieht die Junge der Älteren ins Gesicht. Diese dunklen Kinderaugen trägt Marie ja immer noch im Gedächtnis, das zarte Köpfchen, voll Trotz an den Einkaufskorb der Mutter geschmiegt. Doch nicht etwa friedlich und fügsam, sondern feindselig und verkniffen. Die winzigen Händchen zu Fäusten geballt, verkrallt in die Falten des wollenen Rocks der Marth, den sie nie freiwillig loslässt. Klammeräffchen, denkt Marie. Lästiges, egoistisches Mutterkind! Eins jener verwöhnten, ewig unzufriedenen Geschöpfe, die sich nur selten, wenn überhaupt, aus ihren schützenden Nischen entfernen, die andere ihnen bieten. Und wenn, dann aus Eigennutz.

Im Gegensatz dazu nun dieses prächtig erblühte, lachende Menschenkind! Hat also den Schritt hinaus geschafft, aus dem Kerker seines finsteren Ego sich befreit und erhoben aus eigener Kraft. Ist an den drückenden Fesseln der eigenen Natur nicht erstickt. Eine schöne, selbständig wirkende, durchaus erwachsene junge Frau. Stolz, in Maries Augen geradezu überwältigend in ihrem Überschwang, erzählt sie von ihrem Leben, der Karriere, dem Glück. Ihre Rede schwenkt munter von einem Thema zum anderen. Sie erzählt und erzählt.

Und die Liebe? fragt Marie. Hat keine Eile, lacht die junge Frau. Sie habe sich noch nicht entschieden. Die Qual der Wahl! Einmal angekommen bei diesem Thema, sprudeln aber ihre Geschichten immer lustiger fort.

Die Tochter der schwerkranken Marth erzählt von Erlebnissen aller Art, von ihrer Wohnstatt, dem Wunderwerk, das sie für sich geschaffen, wahrlich ein Paradies. Von Fenstern, die in den Himmel blicken des Nachts, und bei Tag, welche Aussicht! Lebhaft nickt sie Marie zu, als diese endlich die Unterbrechung wagt: Und wie geht es...

Da hält die Tochter der Marth blitzschnell ihre helfende Hand hin, als Marie, über sich selber erschrokken, eine frische Erdaufschüttung übersieht, strauchelt und beinahe hinfällt. Müde sehen Sie aus, sagt die junge Frau zu Marie. Sie arbeiten zu viel. Sie sollten sich schonen...

Das hat noch keiner zu ihr gesagt! Marie ist sprachlos, sie muss erst nachdenken, ob überhaupt jemals ein Mensch sich derart wohlwollend ihr gegenüber geäußert hat. Für sich selber solle sie etwas tun? Ja, daran krankt ja ihr Leben, diesen Rat hätte Marie nur allzu gerne befolgt. Deswegen also ist dieses Kind zu ihr gekommen, um die Wahrheit auszusprechen. Marie tut zu viel für die anderen, denkt viel zu wenig an sich selbst. Kein Wunder, dass sie überwältigt ist von so viel selbstloser Anteilnahme. Sie ist an Zuwendungen nicht gewöhnt, schon gar nicht an solche von Töchtern, sie selber hat ja keine. Hat immer allein gelebt, zurückgezogen, bescheiden. Jetzt weiß sie nicht, was sie sagen soll. Zappelt in einer Falle.

Staunenswert, wie dieses Mutterkindchen von einst sich entwickelt hat. Bewunderungswürdig, findet Marie. Sicherheit und Gewandtheit, Erfolg um Erfolg, Berufs- und Gesellschaftsleben, einfach alles scheint der jungen Frau geglückt zu sein. Alles das, was Marie für sich selber ewigkeitslang vermisst. Immer schwerer fällt es ihr also, diesen Schwall gesteigerter Lebensfreude zu stoppen, dem raren Wesen hier vorzuwerfen, irgendetwas, was ihre Mutter betraf, versäumt, nicht bewältigt zu haben. Einer immerhin erwachsenen Frau, sagt sich Marie, die den Menschen und selbst der alten Nachbarin freundlich entgegenkommt? Nein, nur keine Unhöflichkeiten wegen der alten Marth! Denn nicht unangemessenes Auftreten oder gar Egoismus, sagt sich Marie, schwingen im Redefluss dieser Jungen mit, sondern ein ganz bewusst gehaltenes Gleichgewicht, eine weise Entscheidung zwischen Leben und...

Bei diesem Gedanken fühlt auch Marie sich belebt. Sie vermeint, ein Anrecht auf diese Stunde zu haben, weil sie noch lebt und leben will! Ertappt sich dabei, genauso wie dieses Wundergeschöpf, Entscheidungen selbstverständlich zugunsten ihres Lebendigseins zu treffen. Dieses Kind, denkt sie, hat Mitgefühl mit mir, hat Verständnis, Geduld. Wo doch sonst keiner nach mir fragt. Sie hört also weiterhin zu, lässt sich tragen vom Wortstrom. Und Einsamkeit und Sorgen gleiten ab von ihr wie abgestorbene Blätter, die man wegwerfen soll ohne Trauer.

Schuldgefühle gegenüber der alten Marth, deren Leben zu Ende geht, die nach ihrer Tochter verlangt wie nach nichts sonst auf dieser Welt, sind wie weggeblasen. Argumente, die Marie hätte vorbringen können zugunsten der Sterbenden, drängt jetzt das Lachen der Jugend weit fort.

Erzählungen von Flirts und kleinen Liebesgeschichten bringen Heiterkeit in den Alltag. Die helle Stimme, ja die ganze Erscheinung der jungen Frau, strahlen Kraft und Lebensmut aus, die auf die ältere tröstlich übergreift. Nicht nur wegen dieses Begonienrot, denkt Marie und lacht. Im ganzen Wesen der Jungen überbieten einander die Lebensfarben. Jetzt stört auch nicht mehr die Aufdringlichkeit ihres Kleids.

Gibt es Sinnvolleres als Lachen an einem Ort wie diesem, gibt es Vernünftigeres? Die Wortkaskaden sprudeln immer schneller jetzt, hektischer; Marie ist eingehüllt von einem Zauber, sie kann ihn nicht stoppen. Schon hat die Freude des Lebendigseins alles verdrängt und den Tod in den Schatten verwiesen. Ist dafür die Blumenpracht auf den Gräbern nicht das schönste Symbol? Je mehr, desto besser, je üppiger, desto leichter lässt es sich sein in dem schwankenden Kartenhaus der Seele, in dem einsamen, von tausend Ängsten bedrohtem Gemüt.

Die Tochter der alten Marth wirft Marie ihre Daseinslust wie einen Spielball zu, und die fängt ihn auf und wirft ihn zurück; erlebt, wie die Schmerzen in ihren Gelenken verfliegen, wie alles sich zu lockern und neu zu ordnen beginnt.

Die Sonne wirft ihre letzten Strahlen über die Steine. Die Schatten der Linden legen sich über den Hauptweg, als die liebenswürdige junge Frau endlich sich loslöst, heiser vom Lachen, vom vielen Reden und einer seltsam nervösen Irritation. Marie erschrickt vor der kalten, zitternden Hand, die sich beim Abschied ihr entgegenstreckt. Darüber will sie nicht nachdenken, viel lieber schaut sie zu, wie dieses große Kind durch das Friedhofstor stakst, ein wenig zögernd, und dann im Laufschritt davonzieht.

Marie wendet sich westwärts, um noch einen Blick auf die untergehende Sonne zu werfen und ihre Begonien, die heuer so überaus prächtig gedeihen. Lass sie nicht welken, Gott, vor der Zeit, denkt sie. Und weiß nicht recht, meint sie damit die Begonien oder ihr eigenes Ich, meint sie die anhängliche junge Frau oder doch, wenn auch spät, viel zu spät, die kranke Marth.

Am nächsten Tag wird sie erfahren, dass die Mutter des Klammerkinds an jenem Nachmittag, kurz vor Sonnenuntergang, den Kampf gegen ihre Krankheit verloren hat. Leise, allein.

Anna hört

Die Stimmen überwölben einander in dem von Lichtreflexen durchflirrten Raum, überlagern und verdrängen was an dem Tag, an jenem Abend, für Augen und Ohren der mehr als hundert Gäste gedacht ist. Für Anna bleiben Töne gestaltlos, sie lösen sich auf. In dem plätschernden Hin und Her bedeuten sie nichts als schwebende, meerwasserfarbene Traurigkeit.

Anna horcht. Versucht, was nicht zu erraten ist, nicht vorschnell auszublenden, von den verquollenen Lauten einige für sich zu behalten, zu filtern, bevor sie verschlammen und nichts mehr von ihnen übrig bleibt als Gegurgel, Geblubber.
Nur da und dort löst ein Wort sich aus artikulierendem Antlitz, und voller Hoffnung wendet sich Anna ihm zu, neugierig mehr auf das Gesprochene als auf den Sprecher, der sie vielleicht ohnedies gleich verjagen wird, weil er – Mund auf, Mund zu – aussieht wie ein zähnebewaffneter, hungriger Fisch...

Anna freut sich über die erheiternde Assoziation. Sie liebt Aquarien, fühlt sich munter darin. Bewundert Skalare. Silbersicheln, denkt sie, passten exakt über Häupter, die so groß und so erhaben tun wie diese, und doch so fern sind wie Monde. Ach, Anna träumt, weil sie nicht richtig hört; träumt von Augen, die dunkel bebändert sind. Wie sie blinken, geheimnisvoll. Lustig findet sie bei manchen Fischen ihr breit sich öffnendes Maul.

Ein Wort hat sie verstanden, also hofft sie, noch weitere zu verstehen. Ihr erscheint der Fisch, der es eben gesprochen hat, um vieles größer, stattlicher, ja eleganter als sonst irgendein Skalar. Jetzt hält er frontal auf sie zu, dreht sich dabei ein wenig, so dass sie meint, er flüstere in ihr hingehaltenes Ohr. Sie spürt auch die Welle, die von seiner Flosse ausgeht und etwas in Gang zu setzen beginnt in ihren Gedanken. Das Wort muss doch eine Fortsetzung haben, denkt Anna. Kaum vorstellbar, was sie fühlt, assoziiert, wo doch eigentlich nichts zu assoziieren ist, auch nichts zu verstehen, denn das Wort heißt einfach: *„Wort“*, und nichts weiter. Und weil sie seit langem dazu doch ein wenig weiß, weil sie aus selbst erdachten Wörtern frei und lustig so manches weiterspinnt, hält sie beglückt, voller Gewissheit auf jenes Wesen zu, das da gesprochen...

Offensichtlich meint der Fisch in dem Silberrock das aber anders, er dreht plötzlich ab und wendet sich anderswo hin, vielleicht enttäuscht von so viel Unverstand ihrerseits, und verdrossen. Wie das auf Anna wirkt, lässt sich kaum ahnen. Beschämt macht sie kehrt und strebt einer freien Stelle zu, abseits vom großen Gewühl.

Derlei Szenen verfehlen nicht ihre Wirkung auf andere Aquariumsgäste. Obwohl die Flossenbewegung des mächtigen Fisches durchaus gelassen wirkt, stiebt die versammelte Schar beim Anblick seiner geöffneten Maulpartie erregt auseinander. Ein Schwarm kleiner Fische scheint besonders gestört zu sein, oder erheitert, wer weiß. Plötzlich wenden alle auf einmal ihre Köpfe herüber und glotzen Anna an.

Auch die sich einzeln bewegen, strömen in ihre Richtung. Überall in dem Becken rotten sich Grüppchen zusammen, um mit geballtem Geblubber ihre Mundöffnungsübungen fortzusetzen, was Anna überhaupt nicht versteht. So versucht sie es anders. Denkt, mittendrin zu schwimmen in der Menge, ohne sich einzugliedern und dennoch anzukommen in einem Schwarm. Inmitten harmloser, mit sich selbst beschäftigter Fische, ohne ihr Fischsein zu beachten. Wäre das nicht ein Leichtes?

Doch resigniert Anna bald vor dem unüberwindlichen Schwarmsystem, versteht auch in dessen Mitte nicht was in jedem anderen Fall zu verstehen gewesen wäre, auch erklärt es ihr keiner. Weder mit Worten noch mit Gesten.

Luftblasen. silbrige Schneisen. Kleine, bläuliche Farbfünkchen flitzen darüber hin. Anna schließt die Augen vor so viel unverkraftbarem Hin und Her. Als die Wellen verebben, nehmen die schwimmenden Schatten ihre anscheinend vorbestimmten Plätze ein, und an der Wand zeigt sich Dunkles, Wehendes, formiert sich nach und nach zu Konturen. Anna verfehlt nicht, es diesmal richtig zu deuten, Ein Mikrofon...!

Anna wird also hören. Beglückt eilt sie mitten hinein in die Menge, vielleicht ist ein Sitzplatz übrig, aber es ist keiner frei. Dennoch ist es unmöglich, dem Sog der Hoffnung sich zu entziehen. Anna löst sich ab von dem Ganzen, findet sich bald mit dem Rücken zur Wand. Sie will ja hören, hier wird es endlich gelingen. Lichtquellen an den Wänden fokussieren sie mit gebündelten Strahlen. Von überall her lösen Figuren sich ab. Konzentrieren sich auf etwas, das wie ein Angelhaken aussieht. Das ist das Mikrofon. ob hinter oder vor dem Stehpult, ist schließlich egal. Der Silberbemondete ist es, den Anna hören wird, ein riesiger Fisch, fürwahr.

Die Stimmen, die von den vielen zum Skalar gerichteten Köpfen ausgehen, sind Anna näher am Ohr. Sie freut sich darüber, lächelt still vor sich hin. Doch als hätte plötzliche Einigkeit die Masse ergriffen, starren alle gleichzeitig in ihre Richtung. Hat einer von ihnen irgendetwas über Anna gesagt? Hat sie sich falsch benommen? Wiederum bleibt es jener Wesen Geheimnis, denn Anna hört nicht was sie reden. Ausgeschlossen von derlei Bewegungen bleibt sie im Abseits, vielleicht für immer. Öffnet nur stumm, um besser hören zu können, Augen und Mund.

Der hinter dem Pult zieht jetzt mühelos alle Aufmerksamkeit auf sich. Entzückt und benommen von den klar an ihr Ohr gedrungenen Lauten, fühlt Anna sich plötzlich auch gar nicht mehr einsam. Nach Empfang eines einzigen klaren, vernehmbaren Satzes nicht mehr abgeschnitten von allen; den Hörenden wie den Horchenden beglückt verbunden in einem ganz neuen, deutlich empfundenen, großen, wunderbaren Zusammenhang.

Trotzdem hätte sie in diesem Moment nicht zu artikulieren vermocht was sich in ihr begab, was sich in ihren Ohren, noch mehr in ihrer Seele als einzigartiges Wunder vollzog. Denn eins nach dem anderen nahmen die Lautgebilde Gestalt an, fügten sich kaleidoskopartig zu einem farbigen Bild, das in ihr zu wachsen und sich zu erweitern schien, Satzgebilde nach Satzgebilden, Wunder, ein einzig die Seele erfüllender Klang. Sie ist nicht gewohnt zu hören. Deshalb nimmt sie nicht alles auf, aber was macht das schon...

Anna hört, fühlt sich selig nach Überschreitung der Schwelle, und ist schon mitten drinnen im Paradies einer freundlichen, schönen, einer besseren Welt.

Eisregen

Wieder ist da dieses Sirren im Ohr, diese Aufgedrehtheit inneren Tönens, die alle Aufmerksamkeit von Äußerem ab- und in verschlossene Bereiche lenkt, in denen Ordnungen, Kategorien wie Zeit und Raum verschmelzen und wenig Bedeutung haben. Fällt während des Gehens Nebel ein oder Regen, wird einem solcherart Tauben die Stadt zur Kulisse, nichts als Szenenbild, Hintergrund für Gedanken.

Vor den Häuserfronten ziehen Schleier über verwaschene Pastells, vor erleuchtete Schaufenster Regenschlieren und bewegliche Schatten. Versteckt, drohen Seitengassen. Elsa ist froh, dass das Rauschen im Ohr Wind und Wetter und manches andere übertönt.

Eine Farbschrift bricht durch den Regen, verflüssigt sich auf dem Gehsteig. Im Rinnsal verteilen sich Bäche von Rot, Violett und Grün, während die Silberschnüre von oben plötzlich viel schwerer werden, schräg vor dem Wind Stirn und Wangen zu peitschen beginnen. Ein Wasserkristall trifft auf Nase und Mund, splittert wie Glas, ritzt die Haut mit seinen winzigen Scherben.

Elsa stemmt Kopf und Schultern dem Eiswind entgegen. Wo die Johannesgasse sich auftut, trifft sie der Windstoß mit einem Schwall von Schmerzen. Silbersterne in den Augen verfälschen die Umrisse der Passanten, nur da und dort hellen sie eine vorgeschobene Stirn auf. Alles ist mit glitzernden Pünktchen besät, die spritzen und springen gleich weg vor den Füßen.

Elsa hält auf dem rutschigen Gehsteig das Gleichgewicht, strebt auf die Seilerstätte hinaus, balanciert über Spiegelflächen hinweg hinüber zum Schwarzenbergplatz. Dort prasselt das Eis noch härter auf ihre Brille, diese Sammelstelle zerborstener Regenbögen. Wo die Ringstraße sein muss, schwimmen jetzt Fetzen von Rot auf ertrinkender Eisbahn. Autos gleiten wie Schnecken auf glitzernder Spur.

Sirren Strommasten im Ohr? Gar nicht klar ist, ob Tinnitus oder Straßenlärm dieses Klingen verstärkt hat, dieses nervende Auf- und Abschwellen seltsamer Töne. Unter den Füßen knirscht und zerbricht das Eis, doch der Atemhauch vor dem Mund stimmt ein in ein himmlisches Singen.

Elsa hätte hier einsteigen können, der Ringwagen schrammt und schrillt Ohren zerreißend an ihr vorbei. Sie horcht jedoch nach etwas anderem, weil plötzlich dies andere alle Sinne beschäftigt.

Der Gesang in der Luft hat sich in erregendes Knistern und Klimpern verwandelt. Das verschwommene Grau zerschneiden Lamettastreifen, silberweiß, parallel. Elsa blickt nach oben, in das Tastenbild einer riesigen Klaviatur. Warum ihr die jetzt erst auffällt, gleichsam auf sie herabdröhnt und ihr entgegen, ein jählings blitzendes Eisbündel in erwachtem Bewusstsein? Wie das alles was ist in ihr löschen kann mit seinen Scherben! Und wehtun.

Was hat Elsas Seele derart berührt? Was oder wer erhebt sich dort in der Luft über imaginären Tasten?

Hätte sie dieses Glatteisgetaumel erst hinter sich, diese irritierende Fläche, sie brächte schon alles, was jetzt ist, in die richtige Richtung! Doch ist da nicht erst die Fahrbahn zu überqueren, die viel zu glatt und zu breit vor ihr blinkt? Auf Flügeln wäre das möglich; im Flug, denn die Füße schaffen das nicht. Ein Schweben müsste es sein, von Akkorden gehoben, oder von Engeln.

As-Dur! Elsa erinnert sich an ein Plakat, eine Konzertankündigung auf gemattetem Goldgrund, ganz oben an eine Litfasssäule geklebt. Oder war es bloß eine Zeitungsnotiz? Sie weiß es nicht, setzt ihren Fuß aber resolut auf die Schienen. Es fliegen ja, denkt sie im Gleiten, Sterne überall durch die Luft, warum nicht auch Engel, die tragen das, was sich ihnen anvertraut: den Anlaut der Seele; die zärtlichen Arabesken in Silber, Bewegungen der Gefühle und Blaugrün; die Geflügelten tragen das alles auf ihren Schwingen weit durch die Luft.

Hat sie wirklich Chopin gehört? Das Geranke der Töne, die verhaltenen Passagen, das versponnene Licht darin? Und die Liebe, die der Grazie musikalischer Themen nah ist wie nie? Elsa denkt und denkt. Es ist ja so lange her! Wieder peitscht Eis ihr heißes Gesicht. Da reißt plötzlich der Himmel. As-Dur! schreit Elsa laut, übermannt von Schmerz und von jäher Erinnerung. Der Klavierspieler...! Ah...

Wie lang ist das her? Elsa rechnet schnell, beinahe wie früher. Jahrzehnte? Nein, vielleicht mehr als ein halbes Jahrhundert! Zwischen Silberschnüren sieht sie ihn stehen im Eisregenglanz, lachend wie eh und je. Ihr ist nicht klar, worüber er damals so froh war, was ihnen beiden an jenem Tag widerfuhr. Das Klavier, ja natürlich! Nur davon war damals die Rede. Hunderte Male habe er diese Stelle in seinem Inneren erfühlt, gespielt, sagt der Pianist. As-Dur! Und geübt, und wieder und wieder geübt! Bei Tag und bei Nacht.

Trotz Eisnadeln in den Augen und Tränen muss Elsa jetzt gleich hinüber, muss in die Canovagasse hinein, gleich dort um die Ecke. Der Pianist weicht nicht mehr von ihrer Seite. Komm, drängt er. Komm, es ist spät. Dies ist der Zeitpunkt! Du hast alles vergessen, das Plakat aber trotzdem bemerkt?

Die Nadelspitzen auf Elsas Wangen tun plötzlich gar nicht mehr weh, jetzt, da er redet. Als ob alles wegschmilzt im himmlischen Vorfeld. Und dieses Haus, der Goldene Saal, beleuchtet von innen! Beeil dich, drängt seine Stimme. Und komm!
Elsa stört nur die Tanzlust all dieser Schatten rundum! Die Ringstraße ist voll von Tanzenden heute. Sie kreisen um Elsa, die sich elegant um die eigene Achse dreht. Sie gleiten neben ihr, über ihr, über sie weg. Elsa wirft ihre Arme aus, es folgt ein Beinschwung, sie wundert sich, wie alles das möglich ist. Die Melodie, erst einmal im Ohr, verzaubert, entzückt. Und leicht wie auf Silberflügeln schwebt einer jetzt neben ihr her, sein liebes Gesicht, die schwarzen Locken samt Weihnachtssternen, von imperialen Fassaden herüber gespiegelt, lichtübersät. Unter Bächen von Tränen lachen sie glücklich einander zu.

Brauchen Sie eine Eintrittskarte? strahlen zwei Mandelaugen aus einer weißen Kapuze, die sich vor Elsas Gesicht schiebt.

Chopin? fragt Elsa hocherfreut. Der Mann, der sich plötzlich neben ihr aufschwingt, scheint aber doch nicht der Pianist zu sein, vielmehr ein ganz anderer. Bleiben Sie ruhig, sagt er und streckt seine Hand aus. So.

As-Dur! nickt ernsthaft das Mondgesicht und nennt den Preis. Elsa greift mit der Linken nach der hingehaltenen Karte, ihre Rechte sucht nach der Tasche und gleitet hilflos einer fernen Umrisslinie entlang. Wo ist denn der Pianist geblieben? Ja, sie wird alles bezahlen, jeden Preis! Jetzt, da sie endlich den lieben Namen gefunden, seinen Namen auf dem Plakat...! Ein Leben lang hat der Gedanke an ihn sie begleitet, Jahr um Jahr, viele Jahrzehnte lang.

Der Mensch, der den Klavierspieler so heftig verdrängen will, ja beinahe verdrängt hat, macht sich mit Elsas Mantel zu schaffen, nimmt ihr die Mütze, die Brille ab und beugt sich herüber, so weit, dass seine Atemwolke ihr um Stirne und Mund weht.

Erinnerst du dich? flüstert die Stimme des so lang schon Verschollenen tief innen im Ohr. Es war diese Trennung! Ich beschwor Dich, mich nicht zu vergessen...

Das ist wahr, erinnert sich Elsa. Sollten wir jemals, so sagtest du, einander aus den Augen verlieren; irgendwann aus den Augen..., hier wirst du mich finden, gesetzt den Fall, dass es Chopin ist..

Aber überall und in allen Städten kann das auf einem Programm stehen. Oder nicht? Sie fühlt sich traurig wegen ihres Versagens, schwach und dennoch zugleich wie von schwerer Last befreit; emporgehoben, aber nicht über die Treppe hinauf zum Goldenen Saal, denn sie ist bereits oben. Komm, lockt die Stimme des Wiedergefundenen. Komm! Es hat drei Mal geläutet! Applaus...!

Wie das rollt! Wie das donnert! Dann rastet sie ein, die Tür. Elsa erschrickt. Wie unpassend, störend, dieser laute, entsetzlich hässliche Ton! Die Tür des Rettungswagens ist zugefallen, der singende Eisvorhang ist plötzlich weg. Drin ist es ruhig.

Weil wir einander suchen.

Die Krähe

Bist du zu hoch geflogen, oder zu weit? Hast du dich über-, hast du dich unterschätzt? War deine Aufgabe dir zu schwer, oder hast du sie doch zu leicht genommen? Hast eine Distanz nicht erspürt und bist einfach drauf los? Irgendetwas ist da nicht gelungen. Sei es durch eine falsche Reaktion, durch eine vorschnelle. Oder warst du zu zögerlich, just in einem heiklen Moment, hast dir irgendeine Nebensächlichkeit im Verhalten geleistet, mit fatalen Folgen? Oder hat ein Stärkerer dich überrascht? Ich wüsste es gern, um von dir zu lernen.

Es ist wider die Ordnung. Du warst nicht zu jung, du warst nicht zu alt für das alles. Angst war dir fremd. Wäre das mir passiert, wäre ich jetzt an deiner Stelle, eine Vielzahl von Ursachen wäre da aufzuzählen gewesen, warum nicht gut endete was gar nicht so schlecht begann. An Fähigkeiten hinke ich dir nach, mir fehlt es an Mut, an Kraft, an Vertrauen. Mein Sehvermögen reicht gerade noch aus, um ein großes Korn von einem kleinen – aber das auch nicht mehr hier – im Papier – zu unterscheiden.

Was ich Synthese nenne, Sicht des Zusammenhangs von Start und Ziel und das Halten der Richtung, wenn sie einmal erkannt ist? Nicht abzuweichen vom großen Plan. Das ist mir und meinesgleichen längst verloren gegangen. Irgendwann in der Vergangenheit schwanden Fähigkeiten dahin. Denken als Ersatz hat nicht ganz gereicht. Du hattest den Blick von oben, die Nähe zum Himmel...

Jetzt noch, im Nachhinein, oder besser gesagt: erst jetzt, in diesem Moment, bist du schön. Nirgends ein Makel. Diese nie gesehene Wölbung des Halses, gedreht wie zu natürlicher Zwiesprache! So anmutig ist dein Köpfchen hintübergebogen ins tiefe Schwarz, das jetzt noch voll Glanz ist. Die glattgrauen Füße angehoben über dem Stein, die Zehen vorgestreckt, beinah tänzerisch. Ein loses Federchen über dem Schnabel bewegt sich im Wind...

Unerreichbar warst du für meinesgleichen. Jetzt bräuchte ich nur die Hand auszustrecken und wäre dir nah; schöbe, um dies halb geöffnete Auge nicht neidisch zu machen auf meine Lebendigkeit, deinen Kopf dir unter den Flügel. Den linken, der ist mir zugewandt. Doch ich verlasse dich so wie du warst, wie du bist; fremd geworden dem Leben. Es ist nicht meine Schuld, und ich gehe, ohne mich umzusehen.

Krähe..., durchquere nicht meine Gedanken! Es ist alles in der Ordnung, die ist. Weil es nicht anders sein kann. Also gut. Fraglos ist alles gut.

Sekundenschlaf I

Der Bremsweg? Kurz. Doch die Erschütterung hält an. Der Wunsch nach Auszeit drängt Erinnerungen in ihr dunkelstes Versteck. War ich zu schnell? In unbewusstem Schlaf, weil die Vernunft die Zügel fahren ließ, sich nicht mehr einfing an dem staubiggrauen Rand des Lebens? Die Knie sind schwach. Die Hand folgt ihrer Schwerkraft, fällt und fängt sich auf. Der Atem stockt und regelt doch sich selbst. Man ist noch da und leidlich unversehrt.

Einsicht ist etwas, das erröten lässt. So oder so hätte man handeln können, dies oder jenes wäre, wenn. Und dann der Blick rundum, als wär's zum ersten Mal. Ein Wassertropfen, der aus einer Wolke fällt, interessiert wie nie. Das Gras, das schwankt und, hin- und hergeweht, sich wieder gradstellt, wenn der Wind sich legt, das rührt beinah zu Tränen.

Es schlägt das Herz. Schlägt stark und regelmäßig. Daumen und Zeigefinger sind erwacht. Intakt, beweglich.

Nachtzug. Oder: Atlas trägt wieder die Welt

1

Die Nacht ist blau. Wer glaubt, sie sei schwarz, weiß nichts von der Sonne jenseits des großen Schattens, den sie besiegt und dann wieder strahlen wird mit jedem kommenden Tag. Denn es dreht sich die Erde, zumindest während der einen jener Ewigkeiten, die waren, sein werden und sind. Ein umsichtiger Maler taucht deshalb seine Pinsel ins Blau, wenn er Nacht sieht, um sich selber und alle notorischen Schwarzseher an ihr Lebendigsein zu erinnern, ihnen ihr Wissen nicht abzuerkennen, vielmehr seines zu geben; was natürlich voraussetzt, dass er selber weiß, dass nie aller Tage Abend ist in einer pechschwarzen Nacht, sondern immer ein Morgen sein wird, und immer ein neuer.

Blau war also die Nacht, die dein Zug durchraste, die Milchstraße Sternenstaub. Durch das Fensterglas blinzelte – weißt du es noch? – die Bärin zu dir her, Kalisto; die Deichsel des Wagens entlang suchten deine schläfrigen Augen nach dem Polarstern und fanden ihn nicht wegen der Fahrtgeschwindigkeit, der unentwegten Erschütterung; während ein Stück weiter drüben, gar nicht so weit entfernt, dachtest du, immer noch die Klagen der Kassiopeia die Himmel durchzogen, weil ihre Schönheit der Anmut der Nymphen für alle Zeit nachstand. Zeus hat sie für ihren Hochmut bestraft. Und Castor und Pollux, die Zwillingssterne, erinnerten an eine Zeit, da der Göttervater ihre Bruderliebe belohnte und für immer dem Himmel verband.

Deine hungrigen Augen suchten und wurden vom Schauen nicht satt. Der Zug durchraste die Zeit. War das denn Gegenwart, oder längst schon Erinnerung? Du wusstest es nicht, blicktest hinauf und sahst, wie Helios, der Geliebte, seine leuchtenden Augen erdwärts drehte, dorthin, wo eben zwei Knaben ein schimmerndes Paar goldner Ringe auf samtenem Polster trugen. Die meintest du kichern zu hören und starrtest hinaus. Und Helios lächelte, als er dich wiedererkannte, von fern her, während der blaue Mantel der Nacht einen Augenblick lang von ihm abglitt, um das Kommende ahnen zu lassen, den Tag deines Glücks. Das alles ist lange her. Müde schlossen sich deine Augen, um alles zu sehen.

Du hast geschlafen. Fühltest vielleicht im Traum, wie die Erde sich drehte. Drehte sie sich denn anders als sonst? Vielleicht heftiger, schneller? Und könnte dies Ursache dafür gewesen sein, dass du, die einzige Passagierin in dem leeren Abteil so manche Station ganz einfach verschliefst? Helios blieb verborgen jenseits der Nacht, doch dein Traum brachte wieder was sich vor Zeiten begab...

2

In jenem Hundertstel einer Sekunde, in der es geschah, öffnete sich die Sperrung jenes Abteils, aus dem du hinausflogst, vornüber stürztest aus der Zeit, die doch deine gewesen, die in diesem Moment aber nicht anhalten konnte und weiterraste, fortdonnernd auf ihren Gleisen, ihrer Bestimmung zu. Die Tür, ihrer scheinbar sicheren Verriegelung entrissen, hatte dem Druck nicht standhalten können. Auf schlug sie im Fahrtwind, ihr schrecklicher Hieb traf dich schwer aus dem Hinterhalt, du nahmst es vielleicht nicht mehr wahr.

Ein Unfall auf dem Bahngleis von X., stand in der Zeitung zu lesen.

Den Händen des Cherubs, der dich aus der Luft fing, entglittest du wieder, es peitschte der Schmerz den Zusammenhalt deines Selbst aus dir heraus. Wie das geschehen konnte, erkanntest du nicht.

Wo war da dein Atlas? Der hätte es wissen müssen! Atlas, der Starke hat deine Weltkugel nicht halten können in jener Nacht. Ihren Aufprall hielt nur der Engel hintan. Der fing sie und hob sie auf. Und obwohl sie ihm wieder entglitt im selben Moment, bewahrte er doch den vorhandenen, heil gebliebenen Teil deines Leibs auf – samt jenem Atlas, der der verlorenen Kugel Hüter hätte sein sollen, aber nicht war.

Der Engel rettete deine Welt in der Beuge seines Arms. Dafür hättest du ihm danken müssen. Doch du warst noch gefangen in jäh überstürzter Erinnerung. Der Bahnsteig von X., so blinkte es durch den abgetrennten Kern deiner Welt, der Bahnsteig von X. vor mehr als einem halben Jahrhundert...

Wie viel Aufwind, Fallwind! Und wie viele Träume, wie viel Licht und Staub deiner Jahre lag denn dazwischen? Ironie des Schicksals! Denn nun lag plötzlich genau diese Stadt vor dir, lag wie ein Wunder auf dem Hintergrund deiner Augen, schwebend. Berge um standen sie.

Bilder gelebten Lebens rasten vorbei, Photographien, die einstens einer mit schöner Geste dir hinhielt. Einem Filmstreifen glich die Abfolge der Bilder mit einem Hauptdarsteller, dessen Namen du stumm bewahrst. Doch es lebt in dir seine Stimme, lebt da verhalten. Und du atmest den Duft alter Zeit, den Atem dessen, der das Wort Abschied in alle Windungen deines Gedächtnisses grub, wieder und wieder in dein langes Gedächtnis, dass es das ganze Wundergefährt deines Lebens aus seinen Geleisen hob, als dieses Bild dir wiederkam nach mehr als einem halben Jahrhundert.

Als Atlas, der Starke, von dem beinah tödlichen Hieb erwachte, sich langsam zurechtfand, als er erkannte, was da geschehen, und dass deine Weltkugel, die ihm so lang schon vertraut, ihm anvertraut war seit Anbeginn; dass diese Kugel, die aus dem bergenden Engelsarm wegglitt, forthüpfte und plötzlich auf fremder Schulter lag; da schämte Atlas sich seiner Schwäche, seines schändlichen Mangels an Reaktion und verlässlicher Führung. Besann sich, vom Anblick des Cherubs gestärkt, wieder der Kraft, die ihm gegeben; die Welt, diese aus ihren Angeln geworfene, geduldig ein zweites Mal auf den dafür vorgesehenen Platz zu heben, zu tragen wie eh und je, weil das sein Auftrag war.

Atlas griff nach der Kugel, nahm sie von da, wo sie gelandet, als sie dem Arm des Engels entglitten, von eines Menschen Schulter, eines Passanten, der arglos, nichts ahnend, in jener Nacht auf dem Bahnsteig von X. stand. Atlas nahm deine Welt reumütig von der Schulter des Ahnungslosen und trug von da ab wieder ihr schweres Gewicht.

Fahrplangemäß hätte der Zug auf dem Bahnhof von X. gar nicht halten dürfen, stand in der Zeitung. Warum es trotzdem geschah und von wem verursacht, konnte nie festgestellt werden. Uhrwerke hätten, was nie vorher der Fall gewesen, von selber sich abgestellt, Mechanismen sich aus Verankerungen gehoben. Der Lokführer sei nicht schuld an dem Unglück gewesen, und die Waggons intakt und bestens gewartet.

Die Experten kamen zu keinem gültigen Schluss. Menschen strapazieren ja manchmal, wenn keiner Genaueres weiß, den Schicksalbegriff. Fügung, so konnte man hören, sei es gewesen. Der Mond, die Sterne, oder ein seltener Sonnenwind. Dass es bei der Katastrophe zu keinem Todesopfer gekommen sei, grenze an ein Wunder.

3

Und die Weltkugel? Was war mit ihr? Erzählen Sie weiter! interessierte sich die freundliche Dame in der gegenüberliegenden Ecke des Abteils, in die kein Licht fiel, weil der Mond sich bedeckt hielt in jener Nacht, nur über dem Horizont lag ein heller Schein. Was geschah dann mit Ihrer Welt?

Mir fiel die Antwort keineswegs leicht, Erinnerungen sind tückisch. Nervös und voller Ungewissheit meinte ich, mich entschuldigen zu müssen für die Unvollständigkeit einer Erzählung, die kein Ende haben konnte, weil der Schock sie nicht enden ließ. Auch machte diese Reisegefährtin mich unsicher, weil sie alles wissen wollte, ich aber nicht einmal ihr Gesicht sah. Nur ihre Stimme war zu hören; kühl und brüchig wie die zerknitterten Falten ihres altmodischen Kleids, das aus der dunklen Ecke des Abteils sich hervorschob. Elfenbeinfarben.

Atlas hat die Kugel nicht halten können, erklärte ich ihr. Sei sie doch auch dem Cherub entglitten, um, einmal frei, wie ein Gummiball von ihm ab, hin zu jenem Passanten zu springen, der zufällig dort stand und sich verabschieden wollte. Die Kugel landete auf seiner Schulter.

Es gab keinen Grund, mehr zu erzählen. Erinnerungen gefährden einen Erzähler, sie tun es immer, auch wenn nicht in jedem Fall sein Leben bedroht ist, so doch sein Blick darauf. Dennoch war ich froh über die Anwesenheit jener kaum sichtbaren Person, die die Nachtfahrt durch dieses Trauma mir erträglich machte, weil sie fragte und Antworten gab.

Und der Engel? kam es prompt aus der Ecke gegenüber. Sie verraten mir nicht die ganze Geschichte! Wer war der Mensch auf dem Bahnsteig, der über den unerwarteten Aufprall einer Weltkugel auf seiner Schulter doch vermutlich mächtig erschrocken war? Kannten Sie ihn?

Die vielen Fragen hatten mich müde gemacht, ich hielt die Augen geschlossen. Mein Nacken schmerzte, er war noch nicht zur Ruhe gekommen. Helios selber hatte mir einst zwei Namen genannt, ihr Sternbild gezeigt am Himmel. Nach Helios Willen hätte nämlich...

Ich stellte mich schlafend. Lachte da jemand in der Ecke des finsteren Abteils? Es klang wie Gekicher.

Mit gleichmäßiger Geschwindigkeit raste der Zug seiner Bestimmung zu. Im Traum stand ich – zum wievielten Mal – auf dem Bahnsteig von X. Helios kam mir entgegen. Sekundenschlaf, sagte ich, mich entschuldigend, vor mich hin, und war plötzlich hellwach. Sekundenschlaf muss es gewesen sein. Da überlappen sich, manchmal überlappen sich Bilder...

Mir stockte das Wort in Mund wegen der Ungewöhnlichkeit dieser Wahrheit, die doch eine alltägliche war. Es ist die Angst, dachte ich, Angst vor dem Parallellauf der Zeiten, wenn ein Bild das andere verdrängt, wenn beide gleich stark sind, und eines sich über das andere schiebt. Da siegt die stärkere Gegenwart, die nur allzu oft Vergangenheit heißt. Deja vu...

Eidetik, fiel mir die Reisegefährtin in Wort, und ich ärgerte mich über ihren Vorwitz, Vortäuschung besseren Wissens. Wie kam es, fragte sie weiter und verschloff sich mit dieser Frage vollends im Schatten des mondbeschienenen Vorhangs. Wie kam es, dass Helios, verschwunden in mir oder verdrängt, die lebendige Gegenwart so fatal überschatten konnte?

Weder von der Stadt, noch vom Bahnhof würde ich reden, noch weniger von jenen, die sich dort versammelt hatten. Nichts von dem, der dort plötzlich vor mir gestanden war, Helios; nichts von der Eigentümlichkeit seiner Sprache, jenem besonderen Tonfall, der im Stand gewesen war, Vergangenes aus seinem Grab zu holen.

Durch die Wimpernfäden hindurch spähte ich nach den Sitzplätzen des nächtlich düsteren Abteils. Sah, wie sich aus der Ecke neben dem Fenster eine alabasterfarbene Stirn aus dem Schatten schob, für den Bruchteil einer Sekunde ein bloßer Frauenarm mit dazugehöriger Schulter. Meine Augen mühten sich ab und konnten nicht wahrhaben was noch zu sehen war. Gleich darauf fuhr der Zug in den Tunnel ein, sodass für eine Weile gar nichts zu sehen blieb, weder Umrisse noch der seltsame Glanz dieses Frauengewands.

Uns Alten ist derlei seit Ewigkeiten bekannt, ließ die Stimme gegenüber sich plötzlich vernehmen. Was sind fünfzig Jahre, was fünfundfünfzig, was zwei oder dreitausend Jahre oder mehr...

Was redet die da, dachte ich müde. Plappert immer noch fort. Oder träume ich wieder? Was ich vernahm war durchaus jugendfrisches Gelächter.

Mondhell wurde es plötzlich in dem Abteil, der Zug war aus dem Tunnel heraus. Durch die Fensterscheibe blinkte der volle Mond. Vielleicht ist das die Erklärung, gab ich der fremden Frau zu verstehen. Tatsächlich war das ein wenig ärgerlich. Warum muss sie sich denn verstecken, dachte ich verdrossen. Warum muss ich Rede und Antwort stehen? als sich die Frau gegenüber wortlos aus ihrer Ecke erhob und plötzlich genau in die Mitte des Abteils stand, mit abgewandtem Gesicht. Nur ihr helles Faltenkleid wurde sichtbar. Ein Sommerkleid, dachte ich verwundert. Aber ist es denn nicht längst schon Herbst?

Warten Sie, rief ich schnell. Hier ist keine Station! Gleichzeitig erschrak ich über meine Stimme. Lag mir wirklich daran, den verfrühten Abgang dieser Person zu stoppen? Sehen Sie doch durch das Fenster! ergänzte ich leiser. Trotz der trüben Scheibe dieses Geglitzer! Das ist Wasser! Der Mondsee...

Ich weiß, sagte die Dame, und trat an das Fenster, wobei sie ihre linke Hand auf das Glas legte, was einen kühlen Lufthauch verursachte, der angenehm meine Stirn umstrich. Was ich erkennen konnte, war eine gerade, ziemlich ebenmäßige Gestalt. Leicht, wie absichtslos, betasteten ihre Fingerspitzen das Glas, das in plötzlicher Helle mir ein Antlitz spiegelte, so klar und schön, dass ich erschrak.

Verzeihen Sie, sagte die Dame, etwas verlegen, ich habe mich Ihnen nicht vorgestellt. Sie nannte einen Namen, den ich nicht verstand. Irritiert durch das Fahrgeräusch und die Ungewöhnlichkeit dieser Situation, nahm ich ihn nur undeutlich wahr. Helene? Nein, nein, das war es wohl nicht...

Als die Spiegelung schwand, veränderte sich der Raum, er sah jetzt leer aus in seiner Helligkeit. Nie hatte ich den Vollmond so leuchten gesehen. Ich rieb mir die Augen. Dämmerte es denn schon? War die Nacht vorüber? Im Abteil roch es nach Wiesen und Tau.

Jetzt erst bemerkte ich die Leere in meinem Abteil. Nur auf dem Fensterplatz gegenüber lag etwas, das der Dame gehört haben musste, die so plötzlich verschwunden war. Ich knipste die Leselampe an und langte hinüber. Ein duftender Zweig lag da, darunter eine Visitenkarte. Selene Seehausner, Chiropraktikerin, Mondsee. Ordinationszeiten von bis....

Mein Herz klopfte laut, übertönte die Rollgeräusche des Zugs; die störten jetzt nicht mehr. Die Rechte im Nacken, befühlte ich jene Stelle, die ein gütiges Schicksal mir wieder zu einem Ganzen gefügt. Im Grunde ist nichts passiert, dachte ich aufatmend. Waren die Folgen des Unfalls denn schon behoben? Auch mein Kopf saß einigermaßen fest auf den Schultern, und das war gut.

Sekundenschlaf II

Als löste die Zeit sich ab / von Bewegung und Leben / und der Augenblick / reingewaschen, steht / als ein Ewiges vor dir // Erfassen wir je, was wir / um bloßen Seins willen tun? / Das Gesetz in uns / braucht keinen Namen / doch sind wir ein Teil von ihm / und vom Anfang zum Ende hingespannt, weit über die / Grenzen jeglicher / tumben Gegenwart / eines und alles zugleich. // Hier war ich und dort zwischen / Gott und Gestein, blind zwischen / Menschengewühl und / schwankenden Gräsern / im Raum als ein Einzelnes // und schob aus mir meine Zeit / aus Verzug und Verhängnis / zurück in den Schlaf - - - // Allerorts war ich / in der einen Sekunde.

Spiegelung

Vom Boot aus gesehen

Irgendwann zwischen gestern und morgen, zwischen den Wirklichkeiten von hier und von dort, scharfgratigen Ufern, zwischen den vielen kühlen Augen im Nichts, kippst du vornüber, lässt dein Anker dich los, der dein Leben gehalten, das jetzt mit dir abdreht im Wasser des Zeitstroms und schwimmt...

Nur weil im Spiegel des anderen Ufers ein Bild aufglomm, das du zu erkennen meintest, sekundenlang.

Die Fata Morgana spiegelt dir Unglaubhaftes vor: Das Dort wie das Da, die zwei seien identisch, ein einiges Wesen trotz verschiedener Gesichter, von denen du annimmst, sie entstammten einem seit Ewigkeiten gedachten, uralten einigen Selbst. Und Tore, uferwärts, seien plötzlich entsiegelt, wie von Engelshand aufgetan, die Welt durch ein Wunder geheilt und das Böse vorüber. Nur, weil ein Blick dieses Ferne im Wasser dir nahegebracht und drüben ein wacher Sinn dies alles zu verstehen versprach, wenn auch ein wenig verzerrt, verschoben.

Vorüber. Dort wie da zieht je ein erkennendes Selbst sich von irritierenden Spiegeln zurück und verschwindet, wie solche Erscheinungen immer verschwinden. Lautlos und ohne Nachbild.

Der Engel von Regensburg

Sie werden ihn suchen gehen, wenn Sie demnächst nach Regensburg fahren, ich weiß es genau. Sie werden die Stadt durchqueren, von welcher Himmelsrichtung auch immer, dem Zentrum sich nähern. Werden über das rauhreifglitzernde Kopfsteinpflaster des Domplatzes tappen, vorsichtig, um nicht zu rutschen oder zu stolpern, die Stufen hinauf und drinnen durchs Dunkel. Ein wenig hilflos werden Sie sein, weil die vom Schneelicht geblendeten Augen sich hier erst anpassen müssen, weil die strenge Kühle des gewaltigen Raums Sie jäh am Genick packt und überwältigt.

Erst allmählich treten mächtige Bündelpfeiler hervor und lenken den Blick nach oben, wo alles umleuchtet ist von den Edelsteinfarben der Fenster, blau, rot und grün; wo ein geheimnisvoll violettes, von gelbgoldnem Schimmer durchbrochenes Licht Verborgenes sichtbar macht und die Augen auftut.

Sie suchen den Engel. Obwohl Sie wissen, was alles an Kostbarkeiten sich hier versammelt hat, suchen Sie ihn, ganz gleich, ob Sie an diesem kalten Dezembertag vielleicht doch ein wenig traurig sind und ein Licht für die Seele brauchen, oder ob Sie heiteren Gemüts gekommen sind, um Ihre Freude mit ihm zu teilen. Dieser Engel zeigt sich nicht gleich, obwohl Ihre Augen sehend geworden sind in dem Edelsteinlicht.

Vom Südportal kommend, haben Sie das riesige Kirchenschiff bis zum Querhaus durchwandert in gutem

Regensburg, Dom und Donauufer

(aus: Hans Krebitz, Skizzenbuch)

Glauben, in unverminderter Hoffnung und – wie immer man das interpretieren mag – es kann gar nicht anders sein – in Liebe. Am westlichen Vierungspfeiler, nach dessen Umrundung, hat sich Ihr Blick beim Aufwärtswandern geschärft in dem Wissen, dass das Schöne und Gute in Augenhöhe der Menschen nicht selten sich rar macht und einer gar oft sich mühen und strecken muss, um etwas davon zu erhaschen.

Da haben Sie ihn auch schon gefunden. Und bevor noch Verwunderung über den ungewöhnlichen Standort einem anderen Rätsel Platz macht, grüßen Sie ihn mit Ihrem Lächeln, den Engel von Regensburg, den Unverwechselbaren, der keinem anderen Verkündigungsengel gleicht mit seinem verschmitzten Blick, seiner frei erhobenen Stirn, seiner mühsam zurückgehaltenen Heiterkeit.

Er lacht. Ungeniert ob dieser Umgebung lacht er und hört gar nicht auf damit, seit über 700 Jahren; amüsiert, vielleicht auch über gewisse kleingläubige Bedenken, was das Benehmen an solchen Orten betrifft. Auch über die vielfältigen Spekulationen angeblicher Kunstkenner lacht er. Er durchschaut die Menschen. Mich begrüßt er mit einem Spott, der mir die Röte ins Gesicht treibt. Nicht gerade ein Engels-, vielmehr ein Menschengesicht ist da zu erkennen, und was für eines! Das Gesicht eines Lausbuben, der hier in der Stadt zu Haus ist. Man sagt, einer der Steinmetzlehrlinge oder ein Gassenjunge habe dem Künstler Modell gestanden anno 1280. Einer aus dem Volk, der mühelos als Ortsansässiger identifiziert werden kann; und mögliche Nachfahren seiner Sippe sucht man in den Straßen bis heute. Solch verschmitzte Visage, solche siegessicher hochgezogenen Brauen zeigt vielleicht auch der halbwüchsige Bengel dort um die Ecke, oder einer, der mir im Supermarkt begegnet, mag sein auch der windige Briefträger, der mit Spott und mit Scherzen den Damen Liebesbriefe bringt.

Pfui, was für Gedanken! Dies hier ist Gabriel, und der Ort auf dem wir uns befinden, lässt keinerlei Schabernack zu. Doch ich schaue nun einmal den Leuten gerne in ihr Gesicht und sehe darin diesen seltsamen Zug, diesen leisen Spott. Wie gestern zum Beispiel, als ich abends im Gasthaus die Wirtin ins Auge fasste. Warum die Wirtin, fragen Sie? Nun gut, hören Sie zu:

Ich suche die Speisekarte. Haben wir nicht, brauchen wir nicht! – kommt die Wirtin auf mich zu. Die hübsche Stirn von widerspenstigen Locken umrahmt, ein wenig hochmütig, kommt mir vor. Wie viele ich möchte, fragt sie und fixiert mich abschätzend. Vier, sechs, oder acht? Zehn wären eher etwas für starke Männer. Sie wiederholt: Also, wie viele? und baut sich in voller Höhe vor mir auf. Ich verstehe nicht ganz. Was meinen Sie mit viele? wundere ich mich. Na, Bratwürste! platzt sie heraus. Was sonst! Also wie viele? Um Himmels Willen, wehre ich mich entsetzt, natürlich nur zwei! Befremdet sieht sie mich an, so als käme ich eben vom Mond und runzelt die Stirn. Na hören Sie! Sie sind doch eine erwachsene Person! Ich stottere irgendetwas, resigniere. Also sechs, lacht sie triumphierend und geht.

Goldglänzend und knusprig lagen alsbald sechs liebliche Bratwürstchen auf meinem Teller, und ein Hügelchen Kraut daneben, überaus fein bereitet. Ein Gläschen Bier, ich hatte es nicht bestellt, vollendete das Mahl aufs Vorzüglichste. Auch dies eine Art Kunstwerk, dachte ich. Zweifellos. Das war meine Überzeugung, und so schien es die Wirtin aus einiger Entfernung in meinem Gesicht auch zu lesen. Ihre hochgezogenen Brauen, die Nase, das Kinn zuckten vor Vergnügen, und da war auch schon dieses Lachen, wie im Gesicht des Engels, sein überlegenes Wissen, seine himmlische Heiterkeit.

Heute blicke ich auf zu dem steinernen Himmelsboten, und wie zur Bestätigung unfrommer Gedanken oder als Strafe für sie, schwindet plötzlich das Licht vom Stein. Eine Wolke, die draußen vorüberzieht? Die Glasfenster haben sich verdunkelt. Ich kann den Engel nicht sehen...

Macht keiner hier Licht? Dreht Scheinwerfer auf, wie sie ein Kunstwerk von Rang doch überall auf der Welt braucht? Wir haben die Jungfrau noch nicht betrachtet! Jetzt ist es finster in dem kalten Kirchenschiff, die Besucher tasten die Pfeiler entlang, um den Ausgang zu finden. Nein, keine Scheinwerfer! Neugierige mögen zu Hause bleiben, wird man belehrt, wer ihn sehen will, besuche den Engel bei Tag. Wir sind in Regensburg und nicht irgendwo!

Nächsten Tag – es ist Sonntagmorgen und klirrend kalt – verabschiede ich mich im Hotel und spute mich, um vor der Abfahrt des Zugs noch einmal die Verkündigungsgruppe zu sehen. Der Himmel strahlt in kristallener Bläue, die Sonne wärmt nicht, sie treibt nur versteckte Tränen hervor. Vorbei an Christkindle's Markt, leicht betäubt vom Wachs- und vom Honigduft, geht es über das höckerige Pflaster hinüber zum Dom, der, von der Wintersonne vergoldet, auf seiner Plattform über der zweitausendjährigen Stadt zu schweben scheint ohne Schwere, so als wäre er gar nicht einer der mächtigsten Bauwerke Deutschlands.

In sanftem Licht lacht Gabriel mir entgegen. Der Himmel wirft seine Edelsteinfarben auf ihn, bunt leuchtende Muster, wie sie zwischen den südseitigen Fenstern und der gegenüberliegenden Querhauswand überall in der Luft hängen, ein mystisches Gespinst, das den hohen Raum ausfüllt und zwischen den weit auseinander liegenden Vierungspfeilern den Faden eines Gesprächs zweier Figuren erkennen lässt: Gabriel und Maria auf ihren steinernen Sockeln. Getrennt durch den Willen des Künstlers, finden sich ihre Blicke über die Köpfe der Menschen hinweg. Sie reden miteinander, werfen quer über die Bankreihen einander ihre lang eingeübten Sätze zu. Bezaubernd die Anmut des Mädchens, das wie der Himmelsbote aus dem einfachen Volk erwählt ist: ein wenig umständlich in ihrer Pose, mag sein, und vielleicht ein bisschen langsam im Verstehen. Deshalb wartet der Engel ja auf ihre Antwort, mehr oder weniger geduldig. Aber was amüsiert ihn dabei so? Sagt er ihr vielleicht etwas, das nicht in der Bibel steht? Gut. Lassen wir das. Wir wollen ihm nichts unterstellen.

Lang stand ich da, in das steinerne Schauspiel verloren. Draußen balancierte ich dann übers Eis, hastete durch die weiß überzuckerten Gassen, mein Koffer ratterte hinter mir her.

Eine Platzkarte bitte, keuchte ich wenig später und hielt mich an der Kante des Fahrkartenschalters fest. Wer will auch schon fünf Stunden Bahnfahrt stehend zubringen! Der Blondlockige schien mich erwartet zu haben. Die Leut'..., sagte er lachend. Wo haben die nur ihre Köpf'...!
Mein Zug fährt in zwei Minuten, drängte ich. Bitte schnell!
Sie irren, liebe Frau! korrigierte er mich. In einer Minute!

Der Unverschämte! Wollte er mich zum Besten halten? Regen Sie sich nicht auf, lenkte er ein, sichtlich belustigt, denn ich kramte im falschen Taschenfach nach meiner Fahrkarte. Er sah mir zu, sein Bauch wackelte vor Lachen: Soll ich vielleicht den Zug... für Sie anhalten? Ich kann das nämlich...!

Eingebildet ist er auch noch! dachte ich wütend. Aber dann sah ich in sein Gesicht, erblickte den emporgehobenen Hals, die hohe Stirn, die ebenmäßigen Bögen der Brauen, und zwei vor Lachen bebende Nasenflügel..., als er etwas in einen Hörer sprach, leise, und mir sein Zeichen gab. Das Gesicht des Steinmetzjungen! fuhr es mir durch den Kopf. Der Nachfahre des... Engels!

Der Zug fuhr erst ab, als ich in all dem Hin und Her den Bahnsteig gefunden, hinaufgeklettert und ganz sicher drin war. Mit Verspätung natürlich. Sie wundern sich? Es hat sich tatsächlich so zugetragen.

Und Sie? Wenn Sie demnächst nach Regensburg fahren: Sie werden, wie ich, ihn suchen gehen, den Engel. Und Sie werden ihn finden. Gewiss!

Thaddäus, Thaddä

Sich lösen von allen Zwängen, sich endlich befreien! Einmal an anderes denken, oder einfach an nichts: Diesen Luxus darf einer sich doch gestatten, wenn auch nur ein einziges Mal, annehmen was kommt, weit offen für Wirklichkeiten und Wunder...

Du hast doch versprochen, das und jenes zu tun, zu besorgen, so ließ sich die Gegenstimme vernehmen. Dich zu kümmern zum Beispiel um Onkel Thaddä, jetzt, da er krank ist. Du hast es versprochen!

Argumente wie diese gab es genug, um mich abzubringen von dem Entschluss, einer Einladung nachzukommen, die längst schon vermerkt war. Onkel Thaddä blieb im Hintergrund, als ich den Zug bestieg. Und jetzt umfängt mich die fremde schöne, die etwas andere Stadt, Freude an alten Gassen, Torbögen, Türmen und Dom. Ich bin gut unterwegs, vergesse was gestern noch wichtig gewesen. Onkel Thaddä wird mich doch gar nicht vermissen.

Die Straßenkarte der Stadt ist auswendig gelernt. Gehen Sie nicht durch den alten Park, rät der besorgte Mensch an der Hotelrezeption. Die Wege dort sind abends schlecht beleuchtet. Verliert einer die Orientierung, dann ist da niemand, der ihn zurückbringen kann, sollte er den Fuß sich vertreten, oder noch Ärgeres. Ich bin gut zu Fuß, erkläre ich ihm, wünsche mir weder Bus noch Taxi. Den Ort der Veranstaltung finde ich selber, da bin ich sicher.

Was für ein Tag! Der Lärm auf dem Kopfsteinpflaster

verebbt hinter dem Stadttor. Draußen rauschen in mildem Glanz des zur Neige gehenden Herbsttags die Laubkronen des weitläufigen Parks, an dessen endloser, die Abendsonne reflektierender Mauer außen entlang zu wandern sein wird; westwärts, der sinkenden Sonne entgegen. Neben der kaum befahrenen Straße, die still, beinah leblos daliegt, weht durch Risse im schadhaften Mauerwerk feuchtkühle Einsamkeit. Uralte Baumriesen irritieren mit ihrem Geraune und Blättergeraschel, mit Vogelgeschwirr und den Rätseln jäher Bewegung. Eichhörnchen vielleicht, oder anderes Getier.

Unbeirrt setzt sich Fuß vor Fuß. Neben der Mauer, vom Überhang üppigen Astwerks beschattet, gelingt ein Aufwärtsblick durch Zweige, die gelbbraun und rosenfarbig beglänzt von den Strahlen des Abendlichts, wie mit Goldstaub durchwirkt erscheinen. Jetzt zeigt sich was abgestorben schwärzlich herabtorkelt auf den Gehsteig, knackend und knisternd beim Darübergehen.

Endlos, diese Mauer, nicht abzusehen. Es begegnet mir niemand. Bin ich jetzt eine Stunde unterwegs, oder zwei? Die Seitenstraße, in die irgendwann einzubiegen ist, will sich nicht zeigen, bis mit einem Mal all die schöne Helligkeit schwindet, die Augen sich unvermutet im Schatten befinden, im Schwarzgrün von Nadelhölzern, die fremd vor verlöschendem Himmel stehen, zwischen krankem Gelb, braunfleckig, und tiefem Rot.

Seltsam, nicht einem einzigen der zu dem Fest Geladenen begegnet zu sein, obwohl die alte Villa ganz in der Nähe sein muss. Den Stadtplan im Kopf, ist das Gehen ein Kinderspiel, doch jetzt hilft kein Spähen nach der Uhr. Es ist dieses Dämmerlicht, das so krank macht. Endlich ist die im Laubwerk verborgene Ecke der Parkmauer zu erkennen, die Querstraße, die den riesigen Park von der Rückseite her begrenzt; mit einer noch höheren Mauer, die ihre Lücken und schadhaften Stellen in der Dunkelheit völlig verbirgt.

Erschreckt von dem feuchtkalten Erdgeruch, wechsle ich auf die gegenüber liegende Straßenseite, um den Eingang zu dem Grundstück nicht zu verfehlen. Garten grenzt hier an Garten, Zaun an Zaun, Gitter und eiserne Tore. Gärten, in deren uneinsehbaren Tiefen es Menschenbehausungen geben muss. Die spärlichen Straßenlampen erhellen sie nicht.

Abbitte an Onkel Thaddä. Kann sein, er hat sich eben sein Abendessen gerichtet, das Brot geschnitten. Der Fuß tut ihm weh. Nie würde der alte Herr zugeben, dass er sich einsam fühlt. Wäre ich er, ich gäbe es zu.

Etwas bohrt sich mir in die Magengrube. Dieses Geräusch von Tritten, es sind die meinen. Die spärlichen Lampen, in dichten Nebel gehüllt. Geschieht jedem recht, der Einladungen folgt, die vielleicht längst vergessen sind, weil Gastgeber und Gäste einander kaum kennen und wenig mehr als Konvention oder Eitelkeit sie vorantreibt. Die einen wollen sich großzügig zeigen, weltoffen, international, senden unpersönliche Einladungen in alle Welt. Die anderen nehmen sie an, fühlen sich vielleicht geehrt, oder gieren nach

Abenteuern. Und ich tausche eine gemütliche Stunde mit Onkel Thaddä gegen Zweifel und Eitelkeiten und bin zu Recht bestraft dafür. Der Nebel nimmt jede Sicht...

Die Nummern an den Gartentoren sind nicht zu entziffern, doch steht eines offen. Der Kiesweg dahinter ist noch hell vom erloschenen Himmel. Im Hintergrund der Schattenriss eines wuchtigen Bauwerks. Ist das mein Ziel? Bin ich wirklich allein hier mit meiner Reue, der Scham, dem schlechten Gewissen? Wie kommt es, dass mich plötzlich so friert? Geradezu lächerlich diese Gänsehaut bei der Vorstellung nächtlichen Rückwegs, der Gehstunde in die finstere Fremdheit dieser viel zu früh bereits eingeschlafenen Stadt. Der tiefe Schatten dieses Torpfeilers wird weder wärmen noch schützen, dennoch ist es besser, ihn im Rücken zu haben.

Weit weg, am Ende der Straße schimmert ein heller Fleck durch den Nebel. Geräusche von Autos, ein gelblich beleuchteter Platz.

Hinter mir raschelt es in den Sträuchern, vielleicht ist es ein Tier. Die finstere Villa verrät nichts von großer Gesellschaft. Mir fällt in der Tiefe der Tasche nun doch ein Papier in die Hand, der Text ist in dieser Finsternis nicht zu entziffern. Um sehen zu können, muss ich aus meinem Versteck heraus, schiebe mich langsam vor und erreiche im Laufschritt die matte Lichtquelle über mir. Ungelesen stecke ich die Einladung wieder zurück in die Tasche. Bin ich wirklich um eine Stunde zu früh?

Aus dem Lichtschein am Ende der Straße löst sich ein schwarzer Punkt, es sieht aus, als vergrößere sich die Erscheinung. Es kann nicht lang dauern, bis dieser Mensch hier vorbeikommt. Ein Fußgänger in tiefem Schwarz, mehr ist nicht zu erkennen, und doch: Als er gemessenen Schritts auf mich zukommt, zeigt sich ein breitkrempiger Hut. Kein Gesicht. Keine Bewegung. Geht der Spuk nicht vorüber?

Nein, er hält geradewegs auf dieses Tor zu. Ich darf nicht schreien, will noch weiter zurück, beinahe wäre ich in das nasse Laub gestürzt. Der Mensch geht an mir vorbei, fasst mit der Rechten an seinen Hutrand, so als hätte er mich gegrüßt. Geht durch das Tor in den Garten. Überlaut knirscht und rauscht der Kies. Doch will ich nicht, dass der Nebel diese Erscheinung verschluckt, sie muss wahrnehmbar bleiben. Der matte Strahl der Straßenlaterne lässt erkennen, dass er am Eingang der Villa hält, doch gleich wieder kehrtmacht. Mörder sehen nicht so aus, doch dreht er herüber und schiebt seinen Hut zurück. Onkel Thaddä..., will ich schreien und schreie doch nicht. Würge nur meine Angst hinunter, entsetzt.

Onkel Thaddä in nachtschwarzer Kleidung! Halluzination oder schlechtes Gewissen? Wie weiß sein Gesicht ist! Es ist Ende Oktober und kalt. Die Erscheinung geht wieder an mir vorbei, dreht auf dem Gehsteig um und schreitet zum andern Mal den Kiesweg ab. Der Nebel wird dichter.

Und plötzlich Geräusche von der Straße her. Von beiden Seiten, Nebelgestalten. Viele! Mir zittern die Knie, denn der Torschatten kann mich weder vor

Geistern noch vor lebenden Wesen schützen. Schon wehen die ersten stumm an mir vorbei. Der Mann in Schwarz lüftet jedes Mal, wenn einer vorbei geht, den Hut, gespenstisch.

Die Schatten geben sich aber nicht wie Geister, eher wie Figuren aus Fleisch und Blut. Sie plappern, nicht einmal leise. Mein Atemtakt muss sich beruhigen, denke ich. Es ist gut zu hoffen...

Einer macht sich am Hauseingang zu schaffen, dreht hörbar einen Schlüssel im Schloss, die Tür knarrt auf. Drinnen ist mit einem Mal Licht. Ein langer Zug von dunkel Gekleideten verschwindet im Haus. Tappe ich Ihnen nach? Es scheint so, doch bewege ich mich langsam. Die Füße sind starr wie Hölzer, die Hände kalt und fühllos, so als wären sie nicht die meinen.

Dann die Wärme, die Helligkeit. Der Geheimnisvolle in Schwarz ist weit voraus. Ich beobachte, wie er Mantel und Hut ablegt, sich plötzlich herumdreht, was mich hinter die Tür zwingt. Es ist tatsächlich Onkel Thaddä, nur sein Gewand wirkt fremd. Was will er hier, um Himmels willen? Warum hat er sich derart seltsam zurechtgemacht? Und inkognito...

Mich kennt hier keiner. Thaddä geht, ohne mit der Wimper zu zucken, vorbei, das ist gut. Sein Gang hat sich aber verbessert, denke ich, das fällt auf. Sein wunder Fuß scheint verheilt zu sein.

Im Salon sind die Wände grüngolden bemalt, überreich an Zierraten. Dort scheint ein Platz frei zu sein. Hat denn Thaddä – und nun ist mein Groll perfekt –

mich angeschwindelt mit seiner Krankheit? Er kann tadellos gehen, gibt sich gewandt, elegant. Ich kann meine hilflose Wut nicht verbergen. Was sage ich, wenn er mich anspricht? Was wird er antworten auf meinen Vorwurf? Natürlich vermeidet er es, mich anzusehen.

Der Hausherr begrüßt die Gäste. Geht von einem zum anderen, nennt alle mit Namen. Auch mich? Tatsächlich, auch mich. Dann den Onkel, den er Thaddäus nennt, sogar mit Verbeugung. Mir kommen die Tränen, also kann ich gar nichts erkennen. Jetzt thront Thaddä tatsächlich vor mir in der ersten Reihe, noch dazu auf dem Ehrenplatz! Das ist sein faltiger Nacken. Wieder ist sein Gesicht nicht zu sehen, doch wird er zur Rede gebeten, erhebt sich, betritt ein Podium und hält auch schon sein Konzept in der Hand, während der Gastgeber ihn der Menge vorstellt, seine Bekanntheit preist, ihn lobt, Thaddäus Tenkrat lobt, denn so heißt ja mein Onkel, derselbe, dem ich unlängst erst seine Äpfel zu Kompott verkocht, den Schnittlauch für seine Suppe geschnitten.

Ist das jetzt nur die Gänsehaut, die mich schüttelt? Ich höre dem Redner zu, der ab und zu aufblickt, der – das erkenne ich jetzt genau – Kontaktlinsen tragen muss, um sich zu tarnen, denn seine Augen sind dunkler als sonst, nämlich braun, während Onkel Thaddä seit jeher aus grauen Augen mit hellen Sprenkelchen blickt. Verstellung pur, er will von mir nicht erkannt werden. Auch sein Gesicht erscheint merkwürdig glatt! Kosmetisch verjüngt. Das passt überhaupt nicht zu Onkel Thaddä, das verärgert.

Die Stimme kann einer aber doch nicht verstellen, weshalb er sich diesen Akzent ausgedacht hat und eine Aussprache mimt, die fremd klingt. Irgendwie auch wieder rührend, denke ich, nun doch ein wenig weich geworden. Wie der mich austricksen will mit so viel Raffinesse. Onkel Thaddä, dessen Ahnen vielleicht diesen Akzent rechtfertigen könnten, diese Sprache müssten die ja auch gesprochen haben, die gepriesenen Vorväter meines Onkels. Die sind aber bereits seit Generationen im Land, zudem auch längst unter dem Rasen. Mir hat er über seine Sippe gern und oft erzählt. Sein Urgroßvater nämlich...

Was für ein Einfall, mit dem Akzent seines Urgroßvaters zu reisen! Macht er das meinetwegen? Schlitzohr, schlauer Thaddä! Aber wie ich das denke, ist die Rede zu Ende, die Musik, das Programm. Und da steht er auch schon vor mir, ob Zufall oder nicht, *small talk* ist üblich. Ich bin zum ersten Mal in dieser Gesellschaft, sozusagen eine Fremde. Er nicht. Oder doch? Etwas an ihm scheint tatsächlich fremd. Guten Abend, sage ich, reichlich verklemmt und vermeide es, ihm genau ins Gesicht zu blicken. Herr Tenkrat, Ihr Text war sehr eindrucksvoll. Nein, denke ich erschrocken, er ist es nicht, er kann es nicht sein.

Thaddäus Tenkrat macht eine Verbeugung, förmlich, irgendwie vorväterlich. Vielleicht ist unter der Maske dieses Gesichts nur wiederum Maske. Nähme einer die fort, käme wieder das gleiche Gesicht zum Vorschein? Ich kann ihn nicht Onkel nennen, nicht mehr. Herr Tenkrat, sage ich, scheinbar gelassen, verraten Sie mir, woher Sie kommen, Ihre Sprache erinnert mich...

Er lacht. Gibt sich jetzt richtig nett. Seine Höflichkeit ist eine andere als die der älteren Herren aus unseren Breiten. Onkel Thaddä, ein Kind der Wälder und Berge, lebt in und mit der Natur. Dieser Thaddäus wirkt städtisch gepflegt, gewandt. Einfältig rede ich weiter, lache, scherze mit dieser Maske, dem Geheimnis mir gegenüber und weiß nicht, wie ich der Situation gerecht werden soll. Aus der Stadt M. sei er, gibt er schließlich zu wissen, das sei jene Stadt, die...

Dieselbe ist es, aus der der Urgroßvater meines Onkels Thaddä vor mehr als hundert Jahren...

Die anwesenden Gäste sind nun einigermaßen miteinander bekannt, man plaudert, nimmt vom Büffet, nippt vom Wein, schüttelt Hände, dankt dem Hausherrn, wird von ihm bedankt. Es war schön, auf Wiedersehen. Thaddäus Tenkrat hält sich an meiner Seite, draußen fragt er nach meinem bevorzugten Weg in die Stadt. Es wohnen nicht alle Gäste des Hauses im selben Hotel, meint er. Ich wohne zufällig da, wo Thaddäus wohnt, und er nickt: Ich darf Sie begleiten?

Der Mann ist größer, hält sich gerader als Onkel Thaddä, das zeigt sich, als er neben mir hergeht. Er hat Hunger, ich auch. Im Restaurant sitzen wir einander gegenüber. Es ist dieselbe Familie, der die zwei Herren desselben Namens entstammen. Traditionsgemäß wird jeweils einer der Söhne Thaddäus genannt, sagt Thaddäus. Wandert einer aus, begründet er am neuen Ort die gleiche Tradition. Das hat Onkel Thaddä mir oft erzählt. Den Vater seines Großvaters zog es zu Beginn des 19. Jhts. in den Dunstkreis der

Kaiserstadt, seinen Namen gab er dem Sohn, und dieser dem Enkel und Urenkel weiter. Mein Gegenüber bestätigt den Brauch sogleich. Der besondere Kindersegen in früheren Jahrhunderten brachte es mit sich, erklärt er, dass viele auswandern mussten. Nach Amerika, nach Deutschland, nach Wien. Der Name Thaddäus werde heute noch hochgehalten, er selber sei stolz, einer davon zu sein. Sein Vater, sein Großvater..., usw. Wir plaudern wie alte Bekannte oder Verwandte.

Die künstlerischen Tätigkeiten der beiden brachten keine Überraschungen mehr. Der Malerei meines Onkels, Öl auf Leinwand und Holz, stand die subtile Wortmalerei dieses jüngeren Thaddäus Tenkrat kongenial gegenüber. Dazu ähnliche Eigenschaften, wie ich feststellen durfte, ja sogar ähnliche Schicksale. Beide trauerten tief um ihre zu früh verstorbenen Frauen, die ihnen viel bedeutet hatten.

Sie haben einander nie kennengelernt. Mein diesbezüglicher Plan war zum Scheitern verurteilt. Bereits im folgenden Jahr machte der Tod meines Onkels dieser Geschichte ein Ende.

Signale aus fremden Räumen

Jetzt hat ein Blick mich gestreift! Gefahr meinen Augen, die doch immer so sanft und ganz selbstverständlich Menschen und Dinge begrüßen als wären sie Brüder. Die schlanken Buchreihen an den Wänden, die Licht- und Schattenwolken darauf, die vielen durcheinandergeworfenen Blätter auf jenem Schreibtisch.

Etwas war da, das irritierte, gestand Edetta mit niedergeschlagenem Blick, Unruhe ging davon aus. Die diffuse Beleuchtung ließ wenig erkennen, der Raum war nicht groß, dennoch unübersichtlich. Hätte ich einen Schritt wagen sollen? In welche Richtung? Meine Füße verweigerten mir die Gefolgschaft, die Hände klammerten sich aneinander. Mir war, als sei ich plötzlich nicht mehr allein in dem Raum, sondern ausgeliefert der hellen Fläche eines Gesichts zwischen bewegten Regalen. Ein Blick von irgendwoher, verhalten, mir zu gewandt. Mir, bitte ich Sie zu bedenken, dieser Empfangsstelle für anderer Wesen Pulsgeräusche seit jeher...

Nehmen Sie es gelassen, versuchte ich zu beruhigen. Immerhin ist der Spuk ja verschwunden. Sie sind gut davongekommen. So versuchte ich, zu scherzen; auch, um auf die Möglichkeit einer unsichtbar angebrachten Kamera zu verweisen, mancherorts etwas Selbstverständliches in unseren Tagen. Edetta ging nicht darauf ein, ihr Blick blieb in sich gekehrt.

Signalen in fremden Räumen ist schwerlich auszuweichen, lautlosen gar nicht, meinte sie leise. Schon der kleinste Impuls reicht aus, verborgene Saiten in eine andere Schwingung zu bringen, unter der dünnen Membran der Haut, diesem seltsamen, eigens dazu geschaffenen Instrument, das was ist oder nicht ist, jede An- oder Abwesenheit, auch jeden Mangel in einem Raum, aufzufangen und in die Tiefen der Seele zu versenken Oder, im anderen Fall, harmonisch erklingen zu lassen. Leider unhörbar für Sie, weil von jenem Unerkennbaren vielleicht gar nicht berührt.

Nein, es war niemand im Raum, antwortete Edetta auf alle weiteren Fragen mit niedergeschlagenem Blick. Und jetzt denken Sie, was Sie wollen. Solche Dinge sind ein Geheimnis und werden es bleiben.

Masken

Schauspieler, die wir sind auf den Bühnen des Lebens! Die vielen Masken ängstlich behütend! Und doch tut es gut, in auserwählten Momenten hinter der äußeren Form eines Gegenübers auch jenes andere zu denken; hinter der Oberfläche seiner verzierten Schutzschicht über dem plapperndem Mund etwas von innerer Bewegtheit, Beweglichkeit, pulsender Wärme und Nähe zu wissen, einem möglichen Freisein, möglichen Offensein. Das gehört zu den schönsten Entdeckungen eines Tags, zu den kostbarsten: Masken, die fremde so wie auch die eigene, ein wenig nur zu bewegen, sie immerhin zu bewegen; und den Schleier vor dem beschatteten Auge, die dichte Verhangenheit eines Ichs – oft auch des eigenen – ein wenig beiseite zu schieben, wenn auch nur für den Bruchteil eines kurzen Blicks! Und dennoch dabei jene Schutzschicht zu schonen, die der Seele dir gegenüber gegeben ist wie deiner eigenen. Gibt es ein größeres Glück?

Laura

Sie bat die Geister still zu sein und trat an das Fenster. Draußen zeigte sich nichts, das weiße, gewundene Band der Küstenstraße war leer wie an den Tagen zuvor. Dublin war weit, und der Ozean in seiner wilden Bewegtheit ließ keinen Gedanken zu, der frei gewesen wäre vom Brechen und Tosen, von gischtendem Aufprall und der Flut der Erinnerung.

Sie zog die Vorhänge zu und gleich wieder auf, um der Dunkelheit in dem grasumwucherten Haus nicht zu überlassen was ihr nicht zukam. Draußen war helllichter Tag, der Ginsterstrauch neben dem Hügelweg glitzerte in der Sonne. Laura tat ein paar Schritte. Eingeklemmt in die alte Schreibmaschine, welkte ein Blatt Papier, das während des langen Regens Tropfnässe aufgesogen und nicht hatte abgeben können in dem engen Raum. Die Schrift war verschwunden. Oder war sie es nicht? Wem hatte sie schreiben wollen, und was? Was wäre zu schreiben gewesen?

Laura öffnete einen Spaltbreit die Tür. Draußen wehte ein feiner Wind. Das Gras flatterte lustig hin und her. Dichtes, festes Gras, das ließ sich nicht leicht zerstören, auch nicht, wenn man es mit dem Fuß versuchte. Das Gras kippte nur kurz zur Seite, schüttelte sich und stand gleich wieder auf.

Laura hätte gern ihre eigene Stimme gehört, aber die blieb jetzt innen und ließ sich nicht gern hervorlocken. Immer, wenn sie hinaustrat aus dieser Tür, hätte sie rufen, schreien mögen. Wer weiß, vielleicht hätte das etwas geändert? Aber weder Ruf noch Schrei kamen aus ihrer Kehle.

So begann Laura zu zählen und bewegte dabei die Lippen. Lautlos. Fünf, sechs, sieben, bis fünfundzwanzig hätte sie zählen wollen, stockte jedoch vor der Siebzehn. Da ging ihr der Atem aus, und bei achtzehn geriet alles in ein heilloses Durcheinander. Sie nahm sich vor, es später wieder zu versuchen.

Die Brandung war nicht zu hören. Laura betrat den Vorplatz, blickte über die Steinmauer auf die Straße darunter wie auf ein verbotenes Wort. Ebbe beherrschte die stille Bucht so wie auch Lauras Adern und den trägen Fluss ihrer Gedanken. Das würde sich ändern, es dauerte ja nicht mehr lang.

Möglichkeiten, dachte sie. Möglichkeiten. Sie ging zurück ins Haus, und nun gelang ihr das Zählen. Das Überschreiten der magischen Zahl verstand sie jetzt als Einverständnis der großen Natur mit ihrer eigenen Welt, der äußeren wie der inneren und vice versa. Tadellos gelang ihr das Zählen, sogar fehlerfrei, bis fünfundzwanzig. Fünfundzwanzig hübsche, weiße Kügelchen, ach! Und die Geister ließen es stumm geschehen.

Die Geister: Da hockten sie, aufgereiht wie auf schwingender Schnur, geheimnisvoll schweigend im abgedunkelten Raum. Großmutter im Ohrenfauteuil mit Kindchen im Arm, unschwer zu deuten. Daneben Joseph. Der von Arimathea? fragte sich Laura irritiert. Unsinn! Was für ein Missverständnis! Doch als ihre Augen den seinen begegneten, war es wie Einvernehmen zwischen ihnen, das überstrahlte was aus der Dunkelheit plötzlich in genauen Konturen hervorbrach, nämlich Harry. Aufgeblasen und breit, und dicht neben Joseph.

Und daneben? Beinah hätte sie aufgeschrien, als Freund John seinen Kopf von ihr wegzudrehen beliebte, hochmütig, so als wolle er Laura überhaupt nicht mehr ins Gesicht sehen, so als müsse er schon wieder und gleich auf der Stelle fort. Nach Dublin! Auf dem Kompass, hatte er ihr erklärt, läge Dublin im Norden. Dort müsse er hin...

Als Geister-Schlusslicht und schwachen Trost gab es da noch Semantha, die Gute, die Letzte in der schwingenden Reihe. Semantha gestikulierte lebhaft, sie bewegte die Lippen und riss die Augen auf. Hörst du mich, Laura? Hörst du mich? Laura! Hör mir doch zu...!

Das alles berührte Laura, ja es rührte sie sehr, durchbrach aber nicht die Stille in ihrem Inneren. Großmutter hatte wiederum nicht gesprochen. Was hatte sie, ihr Kind, denn getan?

Laura griff nach der blauen Decke, die über der Stuhllehne hing, klemmte sie unter den Arm, vergaß aber nicht die guten Vorsätze, was das Zählen betraf, selbstverständlich auch nicht das Gezählte. Der Fußweg hinunter zum Strand, war in lustiges Gras und bunte Blumen gebettet. Lauras Hand, um jenes kleine, metallene Etwas gespannt, das bei jedem Schritt ein Klimpern und Klirren von sich gab, blieb ruhig und zitterte nicht. Fünfundzwanzig der kleinen Dingerchen waren ja eingezählt.

Laura liebte die einsame Bucht und ihren Lieblingsplatz, da, wo keiner sie störte. Der flache, glatte, durch Jahrmillionen stetig vom Wasser geschliffene Stein, angenehm trocken bei Ebbe an Sonnentagen, würde bald verschwinden in der steigenden Flut, und doch war er immer da, immer wieder und wieder da. Zumindest dieser Hoffnung würde kein Ende gesetzt sein. Deshalb fand sie den Stein so einladend glatt und wunderschön mit der sanften Mulde in seiner Mitte, ein treffliches Sonnenbett bei Niedrigwasser, auf einer Decke in leuchtendem Blau. Die war kuschelig warm, und würde so bleiben, in alle Ewigkeit.

Laura, die Füße bis über die Knie hinweg nass, schob sich hinauf und begann gleich zu zählen. Jetzt kam auch der passende Ton aus ihrer Kehle. Laut, immer lauter. Sieben! Ach...t! Neun...!! Mit jeder Zahl, die sie in die Weite der Bucht hinausschrie, so dass es zu hören gewesen wäre, hätte dort je ein Mensch gestanden, ertönte ein Klingelton aus der Dose, die geöffnet in Lauras linker Hand lag; verschwand ein winziges Etwas zwischen rechtem Zeigefinger und Daumen, die das Kügelchen fassten und aufhoben im Verein, bis an die Zunge, während Laura schluckte und gleich die nächste Zahl in den Wind schrie. Und wieder und wieder. Achtzehn! Und schluckte. Neunzehn! Und schluckte. Bis alles verzehrt war, mit der Zahl Fünfundzwanzig auch das letzte Kügelchen aus der silberfarbenen Dose verschluckt und verschwunden.

Laura ließ sich nieder auf ihre blaue Decke, während Müdigkeit sie befiel. Zwischen den schattenden Wimpern sah sie die Großmutter auf einem Fährschiff, das schließlich ja kommen musste. Schon öffnete sie ihren Mund für ein erstes Geplauder. Laura sah das alles voraus, sah Semantha und auch die anderen. Nur John war jetzt nicht mehr dabei. John war in Dublin!

Und Dublin war weit.

Wohin denn lohnt es sich

Über dem herben Aroma des Tees ein suchender Blick. Wohin, frage ich mich, und sagen doch Sie mir, bitte, wohin – in dieser Umgebung – lohnt es sich aufzuschauen? Grau sind die Tage, grauer noch diese Wände, viel zu eng für das Atmen der atemsüchtigen Kehle. Ja selbst der Ausblick auf jenes Stückchen Himmel da drüben erhellt das Gemüt nicht. Eissterne starren am dünnen Glas. Schneetreiben dahinter. Das Knistern des Hartholzparketts in der Stille hat wenig Heimeliges an sich und kann nicht trösten.

Anders die Blumen am Fenster. Hier, diese kleine, morgenrotfarbige Orchidee. Ihren Aufwuchs hab ich gehütet, den langsamen Antrieb, die breite Dehnung der Blätter. Habe ihr wöchentlich ein Tauchbad bereitet, nicht zu kühl, nicht zu warm, gerade so wie es nottut. Rituale der Sorgfalt.

Jeden Morgen, mit dem Zerstäuber, fällt – *destillata* – ein feiner Sprühregen auf sie herab, sodass ich, gleichzeitig mit dem Vergnügen auf der eigenen Haut, auch das meiner Orchidee zu erkennen glaube, so als wären wir immer noch die Geschwister, die soeben ein Schöpfer mit eigenen Händen gemacht hat. Die Orchidee zittert freudig, und ich soll mich nicht freuen?

Seit Wochen kämpft sich ein neuer Blütentrieb zwischen den Luftwurzeln durch, den silberhellen, die kraus und sich immer noch kräuselnd, aus dem Stamm sich schlängeln, drängeln wie aus silbrigem Schlangenhaupt. Aber was blühen will, blüht, und jetzt ist die lange, geschwungene Rispe voll saftiger Kügelchen an ihrem Ende. Hier drängt schon ein Rot hervor, dort öffnet sich etwas in sanfterem Mandarin, darunter Malvenfarbiges, da ein üppiges Milchweiß.

Sehen Sie dieses Wolkenrosa der neuesten Blüte, die allerliebst, jetzt groß und endlich erwachsen geworden, sich von aller Bindung befreit und korallenfarbenes Geäder zeigt? Und all die Blütenblätter, die sich dehnen und recken, sich auseinander falten und spreizen wie eine richtungweisende Hand? Zwei blassgrüne Orchideenlippen lassen sich lässig herab. Schnell setze ich Wasserschälchen ringsum auf, mit klarem blinkendem Wasser, das bald meine Schönen in ihrem Lebensdurst – geheimnisvoll schnell – zu leeren wissen.

Und das alles auf meinem Fensterbrett! Auf meinem rissigen, brüchigen Fensterbrett, mitten im Winter!

Sommeridylle im Schatten der Burg

Lesen kann einer ja überall, meinen Sie? Ich darf widersprechen. Das mag vielleicht für einiges gelten, vorlaute Magazine, die, kaum betrachtet, gleich wieder vergessen sind. Aber Bücher? Bereits beim Krimilesen stören Lärm und Gedränge die notwendige Konzentration. Wer mit Genuss lesen will, sucht sich den Ort dafür aus; liest im Kaffeehaus vielleicht den unterhaltsamen Teil einer Zeitung oder die Neuigkeiten des Tags; für die feineren Artikel bleibe ich lieber im eigenen Fauteuil. Fach- und Pflichtlektüre erledigt sich besser am Schreibtisch, während die „schöne" Literatur Orte der Stille und Muße braucht, um sich auch schön zu entfalten.

Natürlich gibt es Ausnahmen. Abstufungen. Denke ich an Romane, fallen mir solche ein, die sich bestens für Bahnfahrten eignen. Andere verzeihen das nie, verweigern sich oder vernebeln dabei ihre besten Stellen. Beobachten Sie diese Dinge, dann machen Sie weniger Fehler! Besondere Rücksicht erfordert natürlich immer der Umfang eines Buches, sein Inhalt, sein Stil.

Die schönsten Bücher, Lieblingsbücher, von außen her zu erkennen an ihrer besonderen Zartheit, manchmal Gelbfärbung des Papiers sowie einer höheren Seitenanzahl, spare ich mir für besondere Tage auf, etwa für stille Nachmittagsstunden eines einsamen Sommers. Wer mich dabei an einem der Urlaubsorte vermutet, irrt und ruft da erst gar nicht an. Freunde pflegen ohnehin ihrer eigenen Muße. Es gibt

Wien, von der Parlamentsrampe aus gesehen
(aus: Hans Krebitz, Skizzenbuch)

keine Verpflichtung an solchen Tagen, nur Sommersonne, Gras und mannigfaltige Düfte; ein bisschen Wind vielleicht, und Sonnen- und Schattenplätze in Fülle.

Der Sommer, von dem ich erzählen will, war in der Stadt damals eine Zeit des Lesens. Touristen in größeren Scharen gab es kaum, Straßen und Gehsteige waren passierbar. Wenig Verkehrslärm. Spaziergängern in den stillen Parks strich der Wind durchs Haar, Singvögel verscheuchten die Melancholie.

Ich holte mein Buch aus dem Regal. Um es vor Übel und unstatthafter Berührung zu schützen, versah ich es mit einer ledernen Hülle und zog damit los. Unter den Bäumen des Volksgartens, so dachte ich, würde es gut sein. Dort begab ich mich hin, blieb stehen vor den Blumen, beriet mich mit Sträuchern und Rosen und atmete auf vor der dichten Hecke des Gartencafes. Wie herrlich würde es sein, an einem Ort wie diesem in meine magische Welt einzutauchen, wo Wortströme alles verzauberten, die schönen Bögen der Sätze das Gemüt mir erhellten. Was könnte stören, dachte ich, was hinderlich sein hinter Hecken?

Die Empfangsdame am Eingang beobachtete stumm die Besucher; trennte, wie der Wächter der Himmelspforte, sogleich die einen von den anderen; warf einen kennerisch-scharfen Blick auf die Dicke meines Bands mit dem seidenen Lesezeichen, das aus der Hülle hing, und wusste alles. Mit Kopfnicken und einer eleganten Bewegung der Hand ließ die Gestrenge mich in den stilleren Teil ihrer Welt ein. Wer zu zweit, zu dritt, oder gar zu viert kam und plauderte, lauthals lachte oder mit Papiersäcken raschelte, wurde in den linken, dichter besetzten Bereich des Gartens verwiesen.

Beim ersten Rundumblick umfing mich gähnende Leere, dann die bequeme Polsterung eines Gartenstuhls; und bald darauf, über das saubere Tischtuch hinweg, ein verstehendes Lächeln mit der Frage nach meinen Wünschen. Mein Glücksgefühl war vollkommen, es ließ auch nicht nach, als an der gegenüber liegenden Seite der Hecke die farblich unauffällige Rückenansicht eines einzelnen Herrn erkennbar wurde, ein hellgrünes Sommerhemd. Tarnfarbe! fiel mir ein, doch dieses Wort zog bald Kreise wie ein ins Wasser geworfener Stein, weit über die anfangs enggeführte Konzentration auf die Weißdornhecken im stillen Cambray, auf die fatalen Fensterklopfszenen jenes seltsamen Helden namens Swann. Mit einem Wort, Marcel Proust war jener Sommer gewidmet, zunächst dem ersten Band. Doch in demselben Maße wie ich dem Buch und seinem Verfasser anhing, drängte es mich nach kurzer Zeit bereits aus ihm hinaus. Ein Zwiespalt, den ich zunächst nicht verstand, der höchste Anziehungskraft mit kühler Distanz verband, dem ich in meiner Angespanntheit nichts entgegen zusetzen hatte als einen aufgescheuchten Blick in das Blattgrün von Hecken, die ohne Weißdorn auskommen mussten und ohne weiß gestrichene Zäune. Einfach nur Grün.

Die Spatzen auf dem Schatten spendenden Ast, der sich von außen her über die Hecke schob, verfolgten jede Bewegung beim Umblättern Proust'scher Seiten anscheinend mit ganz besonderem Interesse. Meine

Umständlichkeit, hervorgerufen durch Konzentrationsmängel mancherlei Art, nahmen sie zwar gelassen; nützten jedoch die Unentschlossenheit meiner Gesten und schrien schon bald auf mich ein. Ihnen gegenüber zeigte ich Schwäche, indem ich die Kuchenbrösel samt dem, was sonst mir entbehrlich schien, bereitwillig über den Tisch schob. Das war nicht klug, wie ich erschrocken bemerkte. Rasend vor Gier und Zorn, weil es nicht mehr war, stürzten sie sich herab und umzingelten mich. Wenig half mein Hinweis auf den noch halbvollen Kuchenteller, denn in kurzer Zeit war er leer; mich selber hatten die Räuber ins Auge gefasst, sie flogen gezielte Attacken, entsetzlich war ihr Geschrei. Unerfahren und wehrlos wie ich war, gelang es mir nicht, sie zu vertreiben. Das veranlasste den Mann mit dem grünen Rücken jenseits der leeren Tische, sich nach der Lärmquelle umzusehen.

Ich wollte zurück in mein Buch, verfehlte die Seite. Hätte, irritiert wie ich plötzlich war, das seidige Chamois des schönen Papiers beinahe zerfetzt. Erschrokken fing sich mein Blick gegenüber, wo dieser Mensch – ich hatte ihn nämlich sofort erkannt – bewies, wie ein Könner mit seiner Lektüre verfuhr. Denn er, auf dessen schräg ins Licht geschobene Kehrseite ich starrte, blätterte in einem Großformat groben Papiers, wo jede einzelne der zerschlissenen Ecken in handlicher Rundung aufgebogen, dem leisen Wind wie auch dem Hin- und Her seiner Hand ausgeliefert war. Zielsicher blätterten seine Finger die Seiten um, einmal vor, dann wieder zurück, während sein Blick abseits und in den Hecken hing. Den Inhalt des merkwürdigen Buches schien er zu erraten, beinah ohne hinzusehen, denn er bewegte die Lippen, was genau zu erkennen war, als er sich seitwärts drehte. Das Papier beachtete er nicht, nur die Finger wühlten in den abgegriffenen Seiten. So hatte ich noch keinen lesen gesehen. Ich sah auf mein Buch herab, dessen Schönheit und Makellosigkeit mich auf ewig zu verpflichten schien. Keinen Moment hätte ich umblättern wollen ohne hinzusehen, damit die Seitenkante sich nur ja nicht verbog.

Diesem ersten, unruhigen Nachmittag folgte ein nächster und wieder einer, die Szenerie blieb die gleiche, die leeren Tische und der Herr jenseits derselben auch. Nur sein Outfit hob ihn jetzt deutlicher vom grünen Hintergrund ab, und er zeigte Profil, kleine Gesten der Hand, ein lebhaftes Mienenspiel. Das Geräusch mit den aufgebogenen Eselsohren war deutlich vernehmbar. Umso mehr wunderte mich, dass die Spatzenschar ihn völlig zu ignorieren schien, während sie mich belagerte wie eine Festung, die dem Ansturm ihrer Kohorten ohnedies nicht gewachsen war und nichts entgegenzusetzen hatte, außer ab und zu einen leisen Zischlaut oder nervöse Abwehrbewegungen mit der Hand, die den Feind eher reizen mussten statt ihn zu verjagen. Sie fraßen den Kuchen auf, kaum dass er dastand.

Die Angst vor dem bösen Federvieh nahm zu mit jedem weiteren Tag. Der Mann gegenüber war weitaus klüger als ich. Vor ihm zeigten sie Respekt. Er verschlang seinen Apfelkuchen in einem Tempo, dass mit den Augen zu folgen kaum möglich war. Auch nicht statthaft natürlich, aber ich hatte ja meine Swann-Welt, der ich mich hingab, was die Spatzen besonders zu ärgern schien. Genau an den spannendsten Stellen stießen sie ihre markerschütternden Schreie aus und schimpften auf mich herab, obwohl ich, nicht geizig, ihnen ohnedies gab und immer wieder gab. Sie dankten es nicht, sammelten sich stattdessen und riefen gegen mich zum Angriff auf.

Mein Gegenüber zeigte Routine. Rot im Gesicht vor Ärger, den letzten Bissen noch im verzerrten Mund, rief er gebieterisch nach der servierenden Frau, die auch schon herbeigestürzt kam, seinen Teller zu holen. Mir eilte sie nicht so besorgt entgegen, eher gelassen, um nicht zu sagen gemütlich; obwohl ich sie mit erhobenen Händen verzweifelt herbeiwinkte. Statt sie mit Stimmaufwand und wilden Gesten anzupfauchen wie jener da drüben, mit: „Ha! Wo sind Sie denn heute schon wieder!“, quälte sich aus mir nur ein ratloses „Bitte!“ heraus. und überhaupt war ich kleinlaut, weil atemberaubt, das Haar zerzaust von den Angriffswellen von oben: Die Luft war voll Staub und Sand von ihrem Gefieder.

Natürlich hatte ich den Schauspieler gleich erkannt, seinen Namen, seine Rollen; wusste auch, zu welcher Uhrzeit er vom Schatten des Burgtheaters bald hinter Bäumen und Sträuchern hervorsprang, um hier seine Rollen zu lernen. Zufällig war das dieselbe Zeit, die auch mir zwischen anderen Obliegenheiten zum Lesen blieb. Doch war ich nicht mutlos. Meine Gegenwart hatte er akzeptiert, mich nicht abgelehnt wie die anderen, die sich im weitaus bescheideneren Teil des Gartens mit unbequemen Stühlen begnügen mussten. Ich dankte für diese Duldung mit Schrägstellung meines Sessels, damit er, sobald er sich um sah, von meinem Frontalanblick nicht gestört war, und nur mein Profil und das Grün dahinter erblicken musste. Und natürlich die Spatzen.

Marcel Proust war es, mit dem ich mich im Gespräch befand. Vor meinen Augen liefen Nöte des Herzens ab, das vergebliche Türeklopfen und Jalousien beobachten jenes Helden Swann auf den Spuren Odettes. Dennoch, von irgendetwas war ich doch abgelenkt, zogen ganz andere Dinge mir durch den Kopf. Ich ertappte mich dabei, wie ich während des Lesens die Lippen bewegte und manche Sätze dreimal beginnen musste, um zu wissen, was da vor sich ging. Was rezitierte ich da? Warum fielen mir Verse ein, die überhaupt nicht zu meinem Buch passten, weit entfernt von Marcel Proust, für einen Franzosen vielleicht sogar beleidigend. Aber warum kamen mir zwischen den Kuchenbröseln immerfort Bühnenszenen in den Sinn? Schreie, Schlachtengetümmel? Dabei irrte mein Blick hinauf zu den Spatzen und gleich wieder zu dem Mimen. Trug er denn etwa einen Helm? Blitzte vielleicht irgendwo ein Schwert auf an seiner Seite? Was war es dann, das tief in mir immerfort: Hektor! schrie?

Hektor...! schrie es in mir, es war zum Weinen. In Wirklichkeit schwieg ich irritiert. Es war mir doch nie nach großen Gesten gewesen! Machten die Spatzen mich so verrückt? Warum plötzlich überall Waffengeklirr? Und warum denn nun Hektor?

Trojanischer Krieg! Homerische Stimmung! Es musste der Schauspieler selber sein, der mir das vorgab. Verteidiger Trojas war er ja nicht gerade, obwohl sein Name das irgendwie nahelegte. Überwältigend diese Assoziation, diese plötzlich Schillerschen Verse, die ich seit meiner Kindheit auswendig wusste. Wirklich, zu dumm, dachte ich. Schiller passt weder zu Marcel Proust noch, genau genommen, zu Homer...

Den Mann, der da drüben Rollen lernte, traf keine Schuld. Ich schaute auch nicht hinüber, spürte ohnedies, dass er zugegen war, auch ohne Helm und Schwert ein großer Sohn Trojas. Hinter ihm, statt des Heckengrüns, wuchtete steinern Priamos' Burg.

Ja, diese Rolle hätte ich ihm gegönnt! War er überhaupt je in einer solchen Rüstung zu sehen gewesen? Groß und heldenhaft würde er vor den Mauern seiner Stadt stehen, Abschied nehmend. Voll der Bitterkeit gegen den grausamen Schurken Achill.

Und plötzlich stand ich selber – in tragischer Abschiedspose vor ihm – ich, Andromache, im Torbogen Trojas, schluchzte und rief: „Will sich Hektor ewig von mir wenden...?“. Und der Knabe auf meinem Arm streckte die Ärmchen nach seinem Vater aus, und Hektor wandte sich mir zu, worauf weitere Schillersche Verse über die Bühne rollten. Aus meinem Mund! Der Abschied erschütterte mich, und als ich an der Stelle war: „Wer wird künftig meinen Kleinen lehren Speere werfen und die Götter ehren...?“ sah Hektor mich so ahnungsvoll an, dass mir der Schleier bebte vor Weh. Ich meinte, sterben zu müssen, als sich der Held zu dem Knaben herabbeugte, todesgewiss.

Ganz hinten an der Hecke ging ein hörbarer Ruck durch den Mimen. Hatte ihn etwas erschreckt? Erinnerte er sich, nervös geworden, an einen Auftritt? Sein Sessel scharrte im Kies. Heftig war seine Bewegung, er raffte sein Textbuch zusammen und warf den Kopf in den Nacken. Hatte er Andromaches Verse womöglich gehört? Mein lautloses Selbstgespräch vernommen? Ja wie denn! Als hätte einer diesem sensiblen Schauspieler sein erwartetes Stichwort zugerufen, so schnell kam die Reaktion. Jäh wandte er sich um..., und ging direkt auf mich zu..., ein paar Schritte und zögerte, als er mich ruhig lesen sah. Ließ sich an einem der Tische nieder, der zwischen seinem gewohnten Platz und dem meinen, genau in der Mitte lag. Wandte mir sein Gesicht zu.

Mir war dieser Vorgang ganz klar. Es war zu kühl an jenem Nachmittag, ich trug ein Tuch um die Schultern. Er musste aus seiner schattigen Ecke, wohin kein Sonnenstrahl drang, einfach heraus und ans Licht. Er sucht die Sonne, dachte ich, weiter nichts.

Schon lag auch sein Textbuch wieder vor ihm. Ich drehte mich seitlich weg, und blieb vertieft in mein Buch. O Swann, dachte ich, was für Dinge es doch gibt in unserem Leben! Was mich erfasste, war beinah schwesterliches Mitgefühl mit Swann, diesem ewig unglücklich Verliebten. Langsam beruhigten sich aber die Nerven, ich fand meine Seite wieder, denn seit diesem Zwischenfall war alles verblättert.

Mein Kaffee stand unberührt. Längst erkaltet, vergessen. Vorsorglich hatte ich dieses Mal keinen Kuchen bestellt, war verschont geblieben von dem Spatzengeschwader, das sich auf der anderen Gartenseite gütlich tat, wo es Brösel in Fülle gab. Ich hätte mich also auf Swann konzentrieren können, hätte nicht..., und das verzeih ich ihr nie! die Kellnerin mir diesen unbestellten Apfelstreuselkuchen gebracht. Sie habe geglaubt, ich hätte gerufen, meinte sie hintergründig, wenn nicht gar boshaft. Ich bin überzeugt, sie war mit den Spatzen im Bund, denn plötzlich waren sie alle da. Der ganze Schwarm, und der Himmel verfinsterte sich. Der Mime hob sein Haupt und warf mir einen düsteren Blick zu.

Und dann geschah was nie hätte geschehen dürfen. Alle auf einmal stürzten sie herab, das ganze Geschwader auf mich und was mein war. Ihr gellender Schlachtruf! Schon klatschte, sauste und zauste Sturm um mein Haar, mir spritzte Kaffee ins Gesicht. Der Dickste, offenbar ihr Anführer, schlug mit den Flügeln in meiner Tasse, völlig wild geworden, um sich, wollte aus dieser Enge heraus mit wüstem Geschrei. Die Apfelstreusel flogen umher, als der gefangene Kapitän in dem Nass zur Attacke pfiff, und dann verfing sich einer in den fliegenden Strähnen auf meinem Haupt, als im Tumult mit dem Kriegsgeschrei auch mein Schrei aufstieg, jäh und hell vor Entsetzen; die apokalyptische Angst, die ohnmächtige Wut! Der in der Tasse, nachdem er alles was in seinen Federn war, auf mich und Marcel Proust verspritzt hatte, ließ ein Triumphgeschrei los, weil alles rundum jetzt Grauen und Chaos war, die ganze Seite des Swann auf das Wüsteste beschmutzt mit Sand und Federn, von undefinierbarem Dreck und Staub, und vom Braun des Kaffees.

Der Schauspieler – ließ ein Gelächter los, homerisch, das die ganze Burgbühne hätte erschüttern können.

Tränen liefen ihm übers Gesicht, nicht solche wie mir aus der reinsten Verzweiflung, viel eher schien seine Erregung den Spatzen ähnlich und ihrer bösen Natur, ein Gemisch aus Schadenfreude und archaischer Lust. Die war aber nur von kurzer Dauer. Jäh schlug seine Stimme um und wurde ganz scharf: „Jetzt haben Sie es geschafft und mir alles verpatzt! Jetzt ist es für heute aus, ich kann nicht mehr ler - - - nen...!!! Er sprang auf, riss sein Textbuch an sich, warf mir einen fürchterlichen Blick zu und stürzte davon.

Ich brauchte lang, bis die friedliche Hecke mich wiedererkannte – und Marcel Proust, dessen zartgelbe Seiten ich daheim dem Ritual einer Reinigung unter zog, Zeile für Zeile, Seite um Seite, reuevoll. Was ein richtiges Dünndruckpapier ist, lässt das mit sich geschehen. Aber heute noch zeigt sich darauf mein Schmerz und die Spuren einer Erinnerung. Die haftet – und bleibt.

Ad pontes

Nach der Lektüre von Simone de Beauvoir: Das Alter.

Knöcheltief schlurften die fünf durch das Laub. Die leeren Baumkronen ließen Blätter auf sie herab, fahl und lautlos fleckten sie mit dem Nachmittagslicht ihr fahles Gelb zwischen die Stämme. Aber nichts was um sie herum geschah, schienen die fünf Wanderer wahrzunehmen. Mit gesenkten Köpfen raschelten sie durch die Au, sichtlich müde vom Gehen. Vom Reden oder vom Schweigen, wer weiß.

Einzeln und hintereinander auf schmalem Weg, so zog etwas Mächtigeres als ihr Wille sie hin zum Fluss, man sah sie kleiner werden in der Entfernung, fünf dunkle Pünktchen am Ende zwischen Sprenkeln von Blattgold auf fauligem Braun. Ich dachte an ein Gemälde, an einen Meister des Pinsels, der sie als Modelle nicht mehr gebraucht, fortgeschickt hatte ohne Antwort auf ihre Fragen. Sie strebten den Brücken zu.

Das Bild verschwamm vor meinen Augen, die Wände begannen zu tanzen. Ich streckte die Hand nach dem Glas aus und verschüttete das Wasser. Wohin mögen sie wandern, was haben sie nur im Sinn? dachte ich erschrocken. Was ist es, das dort für sie beginnt? Verstehe ich sie richtig, die Konsequenz...?

Kälte kroch aus dem Bild, ein Nebelfaden, der sich um meine Schultern zog, mich hineinzog in einen Ablauf, dessen Endpunkt im Nichts lag, nicht abzusehen! Die fünf Punkte lösten sich auf am Horizont, dort, wo der Fluss zu vermuten war, unsichtbar meinen Augen.

Ich werde das Bild nicht zu Ende malen, dachte ich, es zu Ende zu denken genügt. Bin es ganz einfach leid, trotz der Sonnenflecken im Vordergrund bin ich es leid! Der träge Fluss dort im Hintergrund soll sich mir zeigen...! Ekelhaft, dieser Zwang. Eine Krankheit.

Andererseits: Der Herbst ist noch nicht vorüber! Das Sonnenlicht nicht erloschen. Es gibt vielleicht gar keinen Schreckenstag im Leben dieser Figuren, ein jeder ihrer Tage kann Glück, kann Erkenntnis sein und ist wert, gelebt zu werden. Die Szenerie ist also gelungen, und ein weiterer Blick darauf müsste nicht sein. Doch irgendetwas bleibt immer zu denken übrig. Es ist ein Geheimnis.

Schnell warf ich ein Tuch darüber, denn es klingelte an der Tür. Es dauerte, bis mein Herzschlag ruhiger ging, dann erst machte ich auf. Die Leinwand blieb zugehängt.

Lassen Sie sehen, sagte Herr B., als er eine Bewegung wahrnahm, die vielleicht von mir, vielleicht auch von der verhängten Staffelei ausging. Lassen Sie mich sehen was es ist!

Nichts als ein herbstliches Farbenbild, stellte er enttäuscht fest, als er das Tuch wegzog und beiseite legte. Aber irgendetwas scheint da hinzugekommen zu sein, eine Beklemmung, die vielleicht noch nicht darzustellen, noch nicht zu benennen ist. Diese schwärzlichen Flecken, diese vergröberten Linien..., die Schlammpfützen! Überall dieses kranke Grau...

Die fünf Figuren erwähnte er nicht. Hatte er sie nicht gesehen? Waren sie nur mir allein erschienen, samt Fluss und Brücke?

Es gibt Dinge, die wir nicht hinnehmen sollten, meinte, nachdenklich geworden, Herr B. und zog seine buschigen Brauen hoch. Er bückte sich schwerfällig nach dem Tuch und zog es mit spitzen Fingern über der Leinwand zurecht. Er wirkte müde nach so viel Bemühen.

Dinge, die wir nicht hinnehmen dürfen, ergänzte er leise, wie zu sich selbst, wollen wir uns nicht im Nichts verlieren. Dieses undefinierbare Seelengemisch aus Gefühlen, kaum durchdachten Gedanken, dieses Amalgam aus verhaltenem Ungenügen, aus Angst und Ohnmacht, kann ja gar nicht erträglich sein! Lassen Sie sich nicht einschüchtern! Machen Sie vielmehr etwas aus solchen Gedanken! Etwas, das Sinn hat und Zukunft.

Geschichte, Geschichten

Geschichten gibt es, die nicht erzählt werden können, weil sie – im wörtlichen Sinn – keine Geschichte haben. Weil sie jenen Menschen, denen sie widerfahren sind, nur zum Teil oder überhaupt nicht bewusst geworden und weder durch klärende Gedanken oder Gespräche, noch durch Traum oder Phantasie Gestalt geworden sind. Verdrängt, vergessen.

Trägt einer solche Geschichten in sich, kann er sich seiner selbst nie ganz sicher sein. Er weiß nicht, was ihn zu dem gemacht hat, der er ist, von etwas geprägt, das er nicht kennt, das er also auch nicht benennen kann. Dennoch existieren diese Ereignisse als Mosaiksteine seines Wesens, haben ihm seine Seele verändert, Gemüt und Charakter geprägt, verborgen, versteckt im Unbewussten; womöglich, um da noch zu wachsen, zu wuchern und auszuufern; und irgend wann all der Mühen Frucht zu verderben, wobei keiner weiß, warum das so kommen musste, auch nicht er selbst.

Erweist sich ein verdrängtes Ereignis im Laufe des Lebens als nicht mehr abrufbar, kann selbst der geübteste Erzähler es nicht recherchieren, nicht festhalten auf dem Papier. Wem das widerfahren ist, der muss was geschehen ist in sich belassen, in seiner Seele und in seinem Leib. Obwohl es ihm dort als doppelt schmerzender Knoten auch doppelt hinderlich werden kann. Weiß er nicht, warum und wie der entstanden sein könnte, weiß er noch weniger, wie er zu lösen sei.

Manche nennen es Tragik, wenn einer an der Unerzählbarkeit von Geschehnissen leidet, ohne Ursachen und Folgen seines Schweigens bedenken zu können; ohne je das in ihm Gewordene hervorgeholt, belüftet, bestaunt, beredet zu haben. Ohne den Trost einer Mitteilung, ohne Erleichterung durch Anteilnahme, ohne Triumph der Überwindung.

Dem Himmel sei Dank für jede Zeile, die sich, aus innersten Quellen geborgen, zu Sätzen formt in unserem Mund; die wir, wenn auch vielleicht als Stückwerk, zerdrückt und zerschunden, hervorholen aus ihrem Verlies. Noch vor ihrer Fäulnis.

Tirade

Einmal passiert ja alles zum ersten Mal, sagt Frau B. Passiert, auch wenn es scheinbar absurd ist. Zum ersten Mal ist mir das passiert, hinter Fenstern, obwohl das im Leben ja..., ach! Und wie soll ich das Ihnen erklären! Hätte ich mir denn vorstellen können, wollen, dass solches in meiner Wirklichkeit Platz hat? Einer Wirklichkeit, die diesen Namen verdient hat, zu allen Zeiten, ein Leben lang. Ein Leben voll schöner, voll herrlicher Wirklichkeit...

Leben, das unerschöpflich, selbst jetzt mir noch unverzichtbar erscheint. Ich verzichte nicht! Deshalb widerfuhr mir das, finde ich mich, sehe ich mich immer noch hinter Fenstern, von allem getrennt, was früher mir lieb war. Abgeschnitten von allem, auch von mir selbst, ganz unbegreiflich! Und dann dieses Fenster, durch das zu schauen angeblich genug sein sollte für eine wie mich, für Menschen wie ich es bin, Menschen wie Sie und ich! Ich sage Ihnen, es ist nicht genug!

Sie haben doch alles gehabt, gute Frau, warf einer unlängst mir vor. Was wollen Sie denn, jetzt lassen Sie einmal die anderen machen, die anderen sind jetzt am Zug, an der Reihe. Und Sie, Sie sollten genießen was Ihnen das Leben, sogar das Gesetz beschert. Ja, Sie sollten sich schämen.

So reden die immer, das tröstet nicht. Ich lasse mich weder als schamlos noch jemals als schonungsbedürftig bezeichnen, das lasse ich einfach nicht zu. Wieso denn auch, frag ich mich. Was ist denn das

Leben in diesem Gefängnis, das einer mir Heim nennt, beinah wie Heimat klingt das und ist es nicht. Am besten wir nennen es Residenz, sagte ein anderer, der nie je in seinem Leben ein Heim verloren hat, viel weniger noch eine Residenz, sonst wüsste er ja was das Wort sagt und wovon ich jetzt rede. Ich, aus dem Fernster schauen? In das Leben der andern womöglich? Das ja immer weiter fortrückt von mir, sich immer weiter von mir entfernt, so dass dann eines wie meins überhaupt nicht mehr sein kann?

Sie haben doch alles, liebe Frau, sagt der nächste. Was wollen Sie denn? Sie haben hier diesen Ausblick, den Weit-, den Rund- und den Überblick über alles. Den Park und die Blumen hat er gemeint. Doch wo sind die Petersilienstängel, meine eigenen, meine ich, wo die Früchte der Arbeit und die der Sorge? Was wissen denn die, die so reden, Frau Doktor! Das Leben da drin hinter Fenstern, das ist nicht mehr meins, das meinen Wirklichkeiten entsprechend ein völlig anderes sein muss. Ich kann ja noch schaffen, kann so wie andere planen, denken, entscheiden, ich kann sogar einiges tun. Bin ich jetzt da, wo mein Beitrag zum Ganzen bestenfalls noch im Stillhalten sein darf, ja nicht einmal ein innigster Wunsch als Realität gilt? Frage ich mich: Wo sind die Aufgaben, Pflichten, die einer auf sich genommen ein Leben lang, auf sich nehmen kann und will auch heute noch, und daher dürfen sollte. Müsste, weil er es kann! Dann nämlich würde, dürfte er auch für die andern präsent sein, als Mensch, als solcher sollte er ja, darf er als einer gelten, der Mensch unter Menschen und nicht nur die „gute Frau“ ist, die nicht einmal mehr einen Namen hat, weil der vergessen ist, nur noch aus praktischen

Gründen irgendwo bis zur letzten Stunde bewahrt wird, gerettet wäre zu viel gesagt. Das muss sein, weil offiziell einem Menschen nicht abgesprochen sein kann und darf was er einmal war und noch ist, Identität. Weil er auch einer ist, der denken und handeln darf, handeln soll, handeln muss so wie jeder andere, außer er wäre hilfsbedürftig oder ganz zufällig weggetreten, was ja nicht zutrifft bei allen.

Es gibt nur ein Leben für jeden, Frau Doktor, es gibt nur ein Lebensgefühl, nämlich das gute! Hat einer ein schlechtes Lebensgefühl, hat er ja überhaupt keins. Mich hat man hinter ein Fenster gesetzt, weil meine Hände nicht mehr geübt sind für den Computer. Die anderen meinen, die Zeit sei ja ohnedies bereits ab! Das und diese Demütigung, bloß weil die Zeit, natürlich auch meine Zeit, vergangen, zu schnell vergangen ist, so dass jetzt keine mehr da ist für mich. Nein, keine Zeit für ein welkes Geschöpf.

Vergangen ist eben vergangen, meinte da einer. Doch auch die Gegenwart ist vergangen, mir ist sie vergangen, sonst wäre ich jetzt nicht hier. Man hat sie mir einfach genommen, ich hätt' meine Gegenwart nutzen können, die ja zugleich auch die Gegenwart aller anderen ist, wär' ich in meinem Daheim so wie eh und je, wo zu sein mein Recht war, wo ich jetzt noch das Recht haben müsste, verstehen Sie? Sagen Sie mir, Frau Doktor, wie habe ich Gegenteiliges denn verdient? Mir verging meine Gegenwart so, als wäre sie längst vergangen! Was ich ja auch bewiesen habe, Sie sehen es. Sagen es ja....

Dies war mein Ausweg. Rausweg. Hätte ich nicht entgegengesteuert, wär' ich nicht rauszusteigen bereit gewesen aus dieser mir längst vergangenen, weil bereits abgesprochenen Gegenwart, die meine nicht war, weil sie ohne mich über mich hinweggegangen, das heißt, mir genommen und einfach verkommen ist.

Jetzt bin ich raus, Frau Doktor, jetzt habe ich wenigstens eine Umgebung, und sagen Sie nicht, das wär' nichts für mich, mit einem gebrochenen Bein zu liegen, für mich ist das besser, menschlicher nämlich, zu jemandem reden zu können, zum Beispiel zu Ihnen, Frau Doktor, ... hören Sie zu?

Nichts ist geblieben von meinem Leben, nicht das was mir zukommen müsste, mir, einem Menschen. Uns bleibt aber nichts als diese so kurze Zeit. Und die will genutzt sein, gelebt! Leben ist da, wo Gegenwart noch lebendig ist, und der Anspruch darauf respektiert wird. Der ist nie vergangen, der Anspruch auf Frage und Antwort, Hören, Gehörtwerden, Rede und Antwort.

Verstehen Sie mich, Frau Doktor? Auch ich habe Anspruch auf Tun oder Lassen, Menschen nützlich zu sein, zu sorgen für etwas, so wie das, wie das ja sein soll. Möchten Sie nicht einmal sehen, was ich, und immer noch, was ich im Stand bin? Außer gerade jetzt, mit diesem gebrochenen Bein, doch das hat auch was Gutes. Sie sehen, Sie hören was ist. Ich rede, erzähl. Und ich sage, es hat sich gelohnt, diese Schmerzen, das alles wird heilen, es wird! Und Sie, Frau Doktor, Sie werden es wissen, weil Sie doch alles gehört haben werden und auch verstanden. Oder doch nicht?

Was denken Sie denn, Frau Doktor! Das nennen Sie Angst? Dort, hinter den Fenstern ist einer nicht mehr als alter Kram, den darf man vergessen. Also nicht Angst, noch gar Panik oder irgendeine Erregung. Es passierte was passieren hat müssen. Freilich, Ihnen scheint das Selbstverständliche eine Unmöglichkeit. Monströs, das sagten Sie doch, Frau Doktor. Aber ganz ehrlich, reden Sie ehrlich mir mir und mit Überlegung. Was hätt ich denn tun können, um einmal in einer andren Umgebung zu sein? Und ich frage, hätte einer mich vielleicht ernst genommen, hätte mich einer gehört? Jetzt bin ich hier, wenigstens für ein paar Tage, ich darf nicht hoffen, dass es viel mehr sind. Doch Sie, Frau Doktor, Sie müssen mir zuhören! Friedlich bin ich, war ich immer. Friedlich hab' ich's getan, hab' gegen niemanden auch nur die kleinste Verstimmung. In der Zeitung liest man manchmal von argen Sachen, Aggressionen oder Amok. Mir fiel da ein anderes ein, geschah das alles aus guten Gründen! Das Bein ist gebrochen, aber ich hab es doch wenigstens einmal gewagt, das war doch nicht feige, oder?

Wie? Nein, das kann einer nicht sagen, sondern in bestem, harmonischem Zustand war ich, weder Krankheit, noch irgendein Übel war da im Spiel, nicht einmal Melancholie, die ich bis jetzt nicht zulasse, und später auch nicht. Deswegen bin ich ja jetzt bei Ihnen! Die Lebensgeister, die wollen noch was! Nur raus wollt ich, raus für die Tage, die man mir hier verwehrt, ich bin raus und sehe ein anderes. Sehe, was ich zum Beispiel hier, ja auch hier, noch tun könnte. Hätte können, das gebe ich zu, denn im Augenblick natürlich nicht. Nein, blöd bin ich auch nicht, Frau

Doktor, das können Sie einer wie mir nicht vorwerfen, nichts, nur Übereinstimmung mit mir selber. Ehrlichkeit. Das Ganze, wie man so sagt, das Ganze war ich, bin ich, wollte ich sein mit diesem Entschluss! War weder Lüge noch irgendeine Verrücktheit hinter dem Fenster, war auch nicht die Angst, bloß Einsamkeit und mangelnder Lebensstil und -inhalt, aber auch das hätte ich leichter ertragen als diese inneren Verletzungen. Weil doch keiner dort zuhört, mir nicht, den andern nicht. Mir nicht sagt, was ich tun kann in so einem Haus, nämlich als Mensch, verstehen Sie? Also hab ich getan was zu tun war in dem Augenblick meiner Ungeduld, meiner Hoffnung.

Ja, es ereignete sich dieser Riss, Frau Doktor, ein Riss der Geduld! Die Augen zu, dachte ich, Mut und Sprung! Es war wie das Bersten eines zu engen Korsetts, war wie Flucht vor der schlechten, weil völlig kaputten Art des Denkens. Nein nicht das Fenster war kaputt! Das brach durch den Willen einer lebendigen Kreatur, durch den Willen zu sein! War eben ein Fenster, das nachgab, die Öffnung eines unmenschlichen Baus. Mir gelang der Sprung hinaus aus dem tödlichen – wenn ich so sagen darf – todesähnlichen Schmerzbereich, nämlich der Stummheit, des Nichtstuns, des Zunichtsnutzeseins, also der Nutzlosigkeit, Einsamkeit und des langsam faulenden Fleisches. So ausgeklammert wie ich dort war, so vergessen, so ausgeschlossen...

Nein, nein, ich bin weder krank, noch bin ich zu alt, noch immer nicht achtzig, und ich bin auch gar nicht verklemmt genug, um ganz wehrlos zu sein. Über alle Gemeinheiten dieser Welt, über Verfall und Staub, dieser Sprung der Gedanken! Mach den Anfang, sagte ich mir, auf auf, und stirb nicht im Nichtstun! Nicht in der Untätigkeit, sondern in freier Entscheidung! Und jetzt im Schwung über alle Hindernisse hinweg, geradewegs über den Sims!

Ob da vielleicht was gesurrt hätte in mir, oder gepfiffen? Ob irgendwer mir was zugerufen, ins Ohr geflüstert hätte, ein Ungeheuer oder Zyklop? Liebe Frau Doktor! Sie haben gar nichts verstanden. Ich bin nicht verrückt! Niemand hat mir das eingeredet, niemand mich angeleitet, mich überstimmt. Es gab nur das eine Fenster, durch das ich schauen hätte können, oder den geistigen Tod. Ex- oder Implosion. Raten Sie, liebe Frau Doktor, wofür habe ich mich entschieden?

Ich frage, frage Ihr unbewegtes Gesicht, rede in Ihr Gesicht hinein, das nicht spricht, frage also mich selber, welche Notwendigkeit denn besteht, lebendige Menschen zu Zuschauern ihres eigenen Lebens zu machen, das ihnen zu eigen gegeben wurde mit der Geburt, das ihnen alleine gehört, geschenkt von Gott oder von der Natur, wie man's nimmt, und zwar bis zum Tod? Leben gehört niemandem außer sich selbst! Es gehört auch nicht Ihnen, Frau Doktor, auch wenn Sie mich schelten ob meines Entschlusses, aber gehen Sie bitte nicht fort, ohne irgendeinen Gedanken zu fassen! Warum nur antworten Sie nicht, oder ist es nicht wahr, dass Sie nachdenken müssen über das was die Menschen betrifft? Was menschlich wäre, sein könnte, nicht ist? Jedenfalls gibt es kein Recht, meinen Entschluss so abzutun als wäre er nie gewesen, mich wiederum hinter Fenster zu wünschen, hinter denen kein Leben ist. Hinter denen Geschöpfe sind, die sein könnten wie dieser und jener, die wirken, tun oder lassen könnten und wollten was gut ist für sie und für alle.

Zwänge! Ein stummes Nichtsein, sinnloses Augen auf, Augen zu. Sehnsucht nach draußen, wo keiner ist, der uns braucht, nachdem er „Weg mit den Alten!“ geprobt hat. Die sollen nicht immer das Sagen haben, sagte da einer, die Alten sehen zu viel, die wollen alles noch besser wissen, hören das Gras wachsen und vor allem, sie reden was keiner mehr hören kann, also zu viel. Wollen was andere nicht wollen können, weil sie nicht einmal wissen was da gemeint ist, weil sie zu spät geboren, zum Leben erwacht sind. Besser sei es daher, die Stimmen der Alten, die Warnungen, Mahnungen, Zwischenrufe überhaupt nicht zu hören. Also ab und dorthin, wo sie nichts mehr behaupten können, nichts mehr tun können als zum Fenster...

Keiner fragt nach dem Grund, den ich hatte, Frau Doktor. Keiner fragt, wie eine wie ich sich gefühlt, was sie denn wollte, ja was ein Mensch unter Menschen immer noch will, weil er noch immer – ist! Nein, was Sie eben noch dachten, Frau Doktor, das ist es nicht! Sondern ein klares, ein gutes Gewissen, ein In-sich-selbersein, bloß nicht dort, sondern da, wo es Not tut, unter Menschen, was ja möglich sein muss. Und warum denn nicht hier vor Ort, zum Beispiel? Ich kann das oder jenes. Also bitte ich Sie, reparieren Sie dieses vertrackte Bein, oder reparieren Sie es nicht, aber sagen Sie etwas!

Wer ich bin? Ein Andenken bin ich an mich, ein Hindenken, Hinwollen, Hinmüssen zu mir. Wenigstens in Gedanken. Bin was ich immer war, Frau Doktor, nur nicht mehr kräftig genug, um ein Pensum wie andere zu schaffen, ein bisschen weniger, möchte ich sagen, doch das im Licht und nicht in der Abgewandtheit. Wenn Sie das nicht für mich tun, dieses Bein mir nicht in Ordnung bringen, weil es sich nicht mehr lohnt, dann werde ich hinkend gehen, aber nicht als abgesonderter, sang- und klanglos vergessener Verurteilter hinter Fenstern.

Auf blanker Kippe war das, ich weiß. Kein Halten, war nichts als ein Hin zu Geschöpfen, zu denen, welchen ein Leben gegönnt ist. Nicht nur zu einem! Zu allen! Ein Ausweg war das, ein Hinein in ein Blaues, jenen Winkel im Auge, den mir kein Winkelmaß misst.

In frühen Jahrhunderten freilich, da war alles anders, als man dem Leben kaum siebzig Jahre versprach. Wir aber dürfen auf ein wo möglich hundertjähriges Dasein hoffen, dürfen so viel Lebendigsein nicht hinausdrängen aus unserem Lebenskonzept, das doch unser aller Lebenskonzept sein will und wird. Was mein Leben war und immer noch ist, immer noch, acht Jahrzehnte nach seinem ersten Anhauch, ist eine Blüte, die welkt, aber immer noch ist und Frucht hat nach undurchschaubaren Schlüssen; die niemand ihm absprechen darf, außer ein schaffender Gott.

Der Endpunkt des Menschseins, Geborenseins in die Freiheit, hinein in ein Tun, in ein Handeln und wieder hinaus, sei nicht in fremder Menschen Hand! Auch nicht in Ihrer, Frau Doktor! Ich will nicht ins Abseits, wovon nur ein Sprung mich aus dieser Geworfenheit, dieser Verwerfung, mich am Ende erlöst. Befreiung aus Unmündigkeit oder Knechtschaft, Befreiung von Herz-, Hirn- und Gedankenlosigkeit, oder was immer. Das ist es. Was ich tat war ein Anfang, schmerzhaft auch, in ein Neues, erneuertes Denken, das nur keiner zulassen will oder zulässt, weil keiner weiß, ob er selber ähnlich fühlen und reden wird wie ich jetzt.

Ich aber werde Aufgaben suchen und finden, sobald mein Gebein wieder heil ist, auch wenn Sie nicht helfen wollen oder helfen dürfen? Es wird trotzdem so sein. Das sei gesagt, Frau Doktor, denn nur ein Abgedrängter wie ich kann mit Fug und Recht behaupten, so reden zu dürfen, reden zu müssen, wenn er nichts mehr zu fürchten hat als das Nichts im Augenblick des Überspringens von Grenzen wie diesen – und allen Grenzen der Welt.

Traum einer Wiedergeburt

Renaissance, eine Betrachtung

Als alles zu Sumpf und Morast und am Ende wieder zu Chaos geworden war, Wasser und Land; neu entstandene Meere Abflüsse suchten und fanden, Katarakte über Gebirge stürzten, Täler füllten und um und um pflügten was einst fester Boden war; und ich, nicht mehr als eines von Trilliarden und Abertrilliarden Bausteinen des Ganzen über der Flut hing und um meine Menschwerdung schrie, bettelte und wieder schrie, dahingespültes zum wievielten Male flügge gewordenes Teilchen der Ewigkeit: Eh' noch mein Schrei verhallt war, wusste ich von dem neu erstehenden Land, suchte nach ihm in dem langsam sich klärenden Blau, in dem zu erhoffenden Licht, im Fächeln vage erinnerter Luft.

Kaum bewusst, dass ich war was ich immer noch bin, und dass Äonen vergangen, mein Zeitleben lange zurücklag; von einstmals beschriebenen goldenen und silbernen Epochen es keine Beweise mehr gab, auch nicht von ehernen und von denen, die folgten bis hin zum Uranus- oder Kernkraftzeitalter; damals, als alles in allem verstürzt und verkeilt war, verraucht, und Kontinente wie lose Platten verschoben, von Lava überrollt und verbrannt; der Ewige dennoch, zum wievielten Male, einen Anbeginn schuf über erstarrten Krusten; über versunkenen Kontinenten immer noch neue schuf, inmitten des Rauschens und Stürzens die Bewegung der einen von der Bewegung der anderen trennend: Da hoffte ich, dass auch mein Land und

Rom mit Peterskuppel
(aus der Sammlung: Mag. Markus Mery)

mein Strom mir wieder erstand, belebend, ernährend in seinem stillen Dahinziehen, und dass ich mich angeweht fände an seinen Strand, um zu werden was ich seit Ewigkeit bin: Keimgut und Dauer; freilich vorerst noch ohne jene Substanz, die mir zugedacht; nur als ein Wille zu sein und zu bleiben; und Hoffnung und Kraft.

Sand und Stein schienen an einer Stelle erhalten, Reste undefinierbarer Vegetation; ein trostloser Platz inmitten des gewaltigen Fließens; ein Strand, von dem, was von einstigem Leben übrig, kaum mehr zu ahnen war als vor Zeiten ein Menschliches. Nur ein einzelner Vers, einer, der an lang Vergangenes erinnerte und eins jener Zeitalter beschwor, überzog wie ein Zodiakzeichen den Ort. Mir fehlte sein Erzähler, mir fehlte das Meer, nur der Strand war zu sehen und der Vers.

Ovidius Naso, schrie ich, außer mir vor Erregung. Naso, wo bist du? Wach auf! (Was der, lebendig, mir wohl geantwortet hätte auf meine Frage, wenn nichts, rein gar nichts von einem Fragesteller vorhanden war, nichts wahrnehmbar von ihm als ein Wille?)

Rührte dort sich Lebendiges? Bewegte sich Naso im Schlaf? In jene Richtung gedreht, wo der Auslauf des Stroms in weißlichem Dunst verfloss, ausgedehnte Gewässer in unübersehbare Arme sich teilten, um wieder eins zu sein mit der Bewegung des tiefblauen Wassers, das unter schaumigen Kräuselungen sich senkte und hob, senkte und wieder hob...

Hier musste er doch gewesen sein, der Dichter meiner Geschichte! Blinzelte er nicht dort drüben ins fahle Licht, wandte er mir nicht – ein kühles verwittertes Grau – sein altes Gesicht zu? Es schwand mir im Aufwind. Denn die steinernen Falten auf der erträumten Stirn sanken tiefer, Erhebungen wurden steiler. Indem ich mich über den Ort erhob, hob auch er sich auf, ein neu erstandenes Gebirge; schob den Kies, das Geröll und den Sand, das ganze vernarbte Felsgewand von sich weg und machte es sich zwischen Aschewolken bequem.

Schlaf nicht, Ovidius Naso, rief ich ihm zu, voller Angst, und meine Stimme versagte fast unter erinnerten Tränen. Wie sollen wir dieses Zeitalter denn benennen, wie jemals das Land und den Strom, wenn keiner uns zu einem Wort verhilft? Vergangen ist ja schon alles, und wir sind nichts ohne Geschichte.

Als plötzlich, übermächtig vor glasfarbenem Himmel, ein Sturm losbrach, in einem Lichtschwall von oben ein Donner Ozeane durchfuhr bis zum Grund, wo eine Woge sich hob und den Bodensatz eines lang Versunkenen mit sich heraufnahm; da wölbte es sich und wuchs, bis ein Insel, nein, ein ganzer Kontinent, ein nie gesehener, aufrauschte aus der Flut, samt Korallenbänken und Fels, bekrönt vom Licht eines neu erstehenden Tags.

Das Morgenrot zog mich mit und umhüllte mich mit einem wehenden Mantel. Die Schönheit dieser Farbe ließ alle Erinnerungen verblassen, als ich mich jählings eingebettet fand in dem Ganzen, gehalten und umhüllt im Armbug des Einen, der über allem schwebte, aus dessen Achselhöhle mein Leib wuchs. Ich sah was von oben zu sehen war, und erschrak.

Denn der Ewige hielt fest, was sein war seit Anbeginn, ihm verbunden durch eine Herzschnur, die nährte und Leben hieß, Seele und Leib; und gewaltig flog Er dahin mit mir, die Rechte gestreckt über Wasser, Wolken und neu sich ordnendes Land.

Vergessen ist alle Zeit, vergessen die Schraffur ihrer Namen überall dort, wo Neues geschieht. In der Ferne erblickte ich Adam, halb noch im Schlaf, sah den wieder Erschaffenen hingestreckt auf grauem Gewölk, sein gewaltiges Fleisch, sein müdes, kindhaftes Haupt mit dem träumenden Blick, der noch ohne Erkennen war, unbewusst seiner selbst. Ich sah die bleierne Schwere seiner schlaftrunkenen Schultern, gemacht, um Lasten zu tragen, wenn auch jetzt noch im Traum gefangen und unberührt von den mannigfachen Leiden einer kommenden Welt.

Damit alles sichtbar würde, was seine Zukunft verhieß, lag Adam unverhüllt da, leiblastig wie eh und je im Schlaf der Vernunft. Doch beim Rundumblick gewahrte ich Zeichen: Propheten mit ernsten Gesichtern, stumme, in sich gekehrte Sybillen, fünf an der Zahl. Die brauchten Adam nicht anzusehen, von vornherein sahen sie alles. Es würde sein wie es immer war, wenn Leben begann samt all den Chancen, die einer nicht..., nein, sicher auch diesmal nicht, würde ergreifen können. Adams Aufgang war es, den die Weisen vorausgesehen und beschrieben, und damit auch seinen Untergang. Hob er doch kaum seine Hand, um jenen Funken Geist zu empfangen, der für ihn bereit war; Adam erreichte die Hand nicht, nicht den Zeigefinger, den sein Meister ihm hingestreckt.

Nein, sie berühren einander auch diesmal nicht. Und ich fürchtete mich, weil ich Adams Lasten und Leid wiederum mittragen würde, sein Tun und Lassen, an denen ich härter noch als er selber litt. Adam wusste es nicht, weil der Ewige ihm alle Freiheiten gab, zu tun und zu handeln nach eigenem Willen, zu sein und zu walten, so wie es ihm gefiel. Und ich, ihm beigegeben, werde auch diesmal nicht warnen, nur sein Unglück teilen mit ihm; und klagen wie immer, und doch nichts Besseres tun...

Immer noch hält der Ewige in seinem Flug Adam die Rechte entgegen, jahrtausendlang; und ich verstecke mich immer noch hinter dem Silberglanz Seines Haars, aus Feigheit, aus Mangel an Vertrauen und Selbstvertrauen. Deshalb habe ich Angst.

Werde ich diesmal besser gewappnet sein? Stärker im Kampf gegen Trägheit, Stumpfsinn und falsche Entschlüsse? Was nützen denn meinem Adam diese Giganten rundum, angebliche Helfer, erschreckend gegenwärtig und dennoch nicht hilfreich zur Hand? Noch weniger helfen ihm Amoretten, die überall auf den Simsen hocken und auf ihr Stichwort warten. Was geben sie vor zu sein? Voller Angst bin ich, voller Sorge.

Der Blick von hier oben zeigt klar, was sein wird. Hinabzuschauen in die Tiefe der Menschengeschicke könnte erkennen lassen was zeitlos ist an Meister Buonarrotis düsterstem Fresko, das senkrecht vor rauchblauem Grund aufrollt was wahr ist und wahr bleiben wird, solang Adam nicht endlich bewusste Präsenz zeigt. Solang sein Verstand nicht wach wird, seines Geistes Gaben von ihm nicht erkannt, also nicht eingeübt werden; wenn er die Chance eines Neubeginns nicht ergreift.

Sein Blick könnte das alles erkennen. Erkennt der meine es auch?

Schrecklich, weil unumkehrbar, ist der Tag der Zerstörung. Auf Buonarrotis riesigem Fresko – sehen Sie noch einmal hin! – sind die Guten nicht gut, die Bösen noch schlechter, und alle zusammen ratlos, verzweifelt und wenig einsichtsvoll; was verwerflich ist und auch als verworfen dargestellt worden ist auf dem Bild. Wird es so sein in Ewigkeit?

Nein, nicht in Ewigkeit! Adam ist zwar an sich selber gescheitert, doch ist er wieder erweckt, und Möglichkeiten gibt es, viele! Was könnte sich also ändern nach einem neuen Beginn? Was ändern wir, Adam, du Lieber, du Schläfer, was werden wir beide tun? Stehen wir wieder einander im Weg und verträumen das meiste? Heb deine Hand ein Stück höher, Adam! Wag es! Erheb dich und geh! Und vergiss nicht: Jeder missglückte Tag richtet am Ende sich selbst.

Brücken und Stege

Weder Einsicht noch Wissen um die Notwendigkeiten der Welt können das praktische Tun ersetzen. Nur dieses baut Übergänge zu anderen Ufern und bringt was fern ist ganz nah. Vernunft kann das alles erkennen, einschätzen, für überlegenswert und notwendig erachten. Für die Durchführung und das Glück des Gelingens ist noch ganz anderes vonnöten: nämlich die Leichtigkeit eines ersten Schritts, eines spontanen, von innen her sich entwickelnden, selbstverständlichen Handelns. Nicht bloß aus pflichtgemäßen Entschlüssen, aus Not oder Zwang geboren, sondern aus reinem Bedürfnis, das, einmal frei geworden und unbeschwert, sich seiner selbst nicht von vornherein schon bewusst sein muss. Brücken, Stege und einen gangbaren Weg durch Dickichte der Angst und der Vorurteile bauen Gemüt und Gefühl viel leichter auf als der klarste Verstand.

Das Tun, nicht das Wissen schafft den Flug vom eigenen hin zu anderen Ufern, schwerelos wie ein Pfeil und ohne den Ballast komplizierter Überlegung, ohne langwieriges Hin und Her des wohl unzuverlässigsten aller Körperregionen, des Gehirns. Das gelingt mit nichts als der reinen, unverfälschten Spannkraft der Seele, die mit ihrer Vorstellung, Idee einer größeren Idee, Teil eines umfassenden Ganzen zu sein, wirken und handeln will und auch kann.

Deshalb ist die Frage nach dem Mirakel der Ganzheit weder Zufall noch augenzwinkernder Einwurf quer denkender Diskutanten, sondern logisch in sich, und wie immer noch angenommen werden darf, begründet in unserer menschlichen Natur; also vom Anfang an jedem lebendigen, noch nicht im Geiste erloschenen menschlichen Wesen immanent als Bestätigung dessen, was ewigkeitslang uns als Hoffen und Sehnen zu Grund liegt.

Schaffensdrang und Ordnungswille

Frage ich mich, verwunderte sich Herr De, woher unser Wille die Kraft nimmt zu dieser unermüdlichen Strebung nach etwas, angefangen vom jugendlichen Stürmen und Drängen bis hin zur Selbstgestaltung eines Erwachsenenlebens. Woher nehmen wir Menschen die Vorstellung eines persönlichen Zukunftsplans? Obwohl viele sich einer vorgegebenen Ordnung verpflichten, frage ich mich: Woher kommt es, dass wir nicht aufhören können, immer noch ein Besseres, ja Vollkommenes zu wollen?

Wir haben ein Vorbild, unterbrach ihn Corlany. Die Ordnung des anfangs noch Ungeordneten ist nichts anderes als der Wille zur Nachahmung des uralten Schöpfungsgedankens – das ist kein Gegensatz zur Evolution! – uns anscheinend vorgegeben, nämlich: dass wir wachsen müssen wie alles in der Natur, gedeihen, der physische Organismus genauso wie der strebende Geist. Nichts anderes kann damit gemeint sein. Etwas soll werden, und es wird ja auch, wenn alles gut geht. Wir strecken die Hände aus zur Arbeit und sagen: so soll es sein. Und wenn wir Fleiß entwickeln und Glück haben dabei, gelingt es, gelingt zumindest ab und zu...

Sie reden von göttlicher Weltordnung, fügte Herr De nachdenklich hinzu. Das meinten Sie doch? Von der sich die Menschen leiten lassen, bewusst oder unbewusst. Aus dem Chaos zur Ordnung. Es werde Licht. Ist es nicht so?

Unbewusst, fiel Corlany ihm ins Wort, wollen wir ja gar nichts anderes als Ebenbilder eines Weltenlenkers sein, wir wollen sein und bestimmen. Schaffen und herrschen über alles. Das, was wir ängstlich manchmal als Hybris bezeichnen, ist oft unser bester Gedanke.

Möglich, meinte Herr De. Oder auch nicht. Versuchen wir es trotzdem mit einer anderen Erklärung, nicht jeder von uns kann auf solche Vorstellungen eingehen. Wir könnten den Schaffensdrang genauso gut Eros in die Schuhe schieben; ich meine Eros als schöpferische Liebe, im Gegensatz zu Thanatos, dem Tod, so wie Freud das gemeint haben mag. Die Liebe ist unsere große Kraft, unser stärkster Antrieb. Aber wie immer Sie diesen Zustand definieren wollen, Eros ist ein großer Beweger, er gibt Ziele vor, führt zum Bemühen, lässt uns Ordnungen schaffen, Strukturen, Ideale, denen wir nacheifern können. Immer wieder nehmen wir einen neuen Anlauf zum Höhenflug, sei es in der Liebe zu einem Menschen, in der Liebe zu einem Ideal, zur Wissenschaft oder zu einer Sache, die uns wert erscheint, uns vielleicht vorwärts bringt. Immer sind es die großen Begeisterungs- oder Liebesvorstellungen, die zur Hochleistung antreiben. Immer wieder...

Corlany lächelte fein. So weit sind wir nicht auseinander, lieber Kollege. Was wir einfältige Menschen nämlich Geist zu nennen pflegen, ist ja nichts anderes als die Vorstellung von einer alles beherrschenden Kraft, einem höheren Wesensbild von uns selber, Überhöhung des Selbst und Sehnsucht nach dem Besseren, die einzigartige Vorstellung eines allumfassenden Guten und – der Liebe! Nicht umsonst nennen wir diese Liebes- und Lebenskraft göttlich und ahmen sie nach in jedem einzelnen Schaffensakt.

Herr De war mit seiner Eros-Explikation noch nicht am Ende. Wir fallen in einen Liebeszustand, setzte er fort. Wir steigern uns hinein, erleben Begeisterung; Faszination führt uns in unglaubliche Höhen, ehe wir wieder abgleiten in die Gewöhnlichkeit des Alltags, die ja nicht als ein Scheitern verstanden werden sollte, auch dann nicht, wenn sie Enttäuschung bringt. Denn jede Enttäuschung bringt einen neuen Anlauf, und alles beginnt immer wieder von vorn. Genau dieses Immer-wieder ist es, dieses Trotzdem, das uns antreibt, neuen Faszinationen entgegen, manchmal sogar gleichzeitig, mit Überlappung. Gewaltige Liebesfolgen! Sie ähneln einander, sind herrliche Melodien mit jeweils eigener Abfolge und Thematik. Unsere Begeisterungen überholen, übertrumpfen einander; das gibt der Lebensrhythmus uns vor. Wir verdanken es vielleicht der Physis, doch der Geist geht ihr nach, und manchmal wird es vielleicht der Geist selber sein, der Impulse setzt, der die nötigen Körperkräfte nach sich zieht. Lebensmut, Schöpferkraft!

Die Kunst der Fuge, lachte Corlany, und nahm lächelnd sein Glas zur Hand. Ja, stimmte Herr De ihm zu. Denn oft ist es eine ganz ähnliche, wenn nicht überhaupt die gleiche Melodie, die uns die Liebe vorspielt, nur mit anderen Variationen und Szenerien. Und wir werden nie müde, neue Takte zu finden. Dass aber das Ganze zur Einheit eines Lebenswegs werden kann, ist tatsächlich Sache anderer Fähigkeiten...

Was redet ihr da? rief plötzlich die kleine Susanne vom anderen Tischende her. Kaum achtzehn Jahre alt, war sie von den kürzlich erst gewonnenen Erkenntnissen aus den Weisheitslehren doch schon mächtig berührt. Zumindest hatte sie die Reden der beiden Herren mit Aufmerksamkeit und durchaus nicht unkritisch verfolgt.

Was redet ihr da! Susannchen zeigte sich vom Vergleich mit dem Weltenschöpfer sehr indigniert. Gegen Eros gebe es im Grunde nichts einzuwenden, meinte sie. Wenn auch..., na ja! Aber das angebliche Streben nach etwas wie göttlicher Ordnung sei ihr ziemlich suspekt. Es sei doch weniger die Liebe zu Höherem, die einen Menschen zur Leistung treibe, eher die Liebe zu sich selbst. Ein jeder strebe doch nur zu seinem eigenen Vorteil! Nichts als purer Egoismus!

Corlany hob den Kopf und zog die Brauen zusammen. Und woher kommt es, meinst du, dass wir beide hier eine so hohe Meinung von uns haben? Dass wir unsere armseligen Bemühungen sogar mit der herrlichen Schöpfung vergleichen? So fragte er, väterlich sorgenvoll, nicht ohne Susannchens Blick zu suchen. Der aber war bereits mit ganz anderen Dingen beschäftigt. Susanne löffelte ihr *Mousse au chocolat* mit Hingabe und sehr konzentriert. Als sie damit fertig war, sagte sie aber doch noch etwas:

Vielleicht ist es ja manchmal zu etwas nütze, dass man sich so erhaben fühlt, meinte sie und hob ihre Stimme plötzlich zu helleren Tönen. Wer sich als Ebenbild eines Höchsten versteht, lässt sich immerhin etwas einfallen, tut und redet gescheit oder schön, oder beides. Wirft wenigstens nicht die Flinte ins Korn und glaubt an sich und so manches. Andererseits, diese Selbsteinschätzung ist nicht ganz ungefährlich...!

Beide Herren blickten jetzt streng in ihre Richtung.

Ich persönlich, setzte Susanne, nun doch etwas vorsichtiger geworden, fort, würde keinem trauen, der einen Schöpfungsplan nachzuahmen meint, wenn er sich und seinen höchst persönlichen Ehrgeiz und vielleicht durchaus fragwürdige Gedanken hinter denen eines Ewigen, wenn nicht gar eines Allmächtigen versteckt.

Nichts zu wissen ist angenehm

Die Wirklichkeit nicht erkennen? Wie angenehm! lacht Herr C. Man dürfte sich irren, dürfte zweifeln, bräuchte keinerlei Rechenschaft abzulegen über eigene Irrtümer oder über das was man für wahr hält, was man denkt oder tut; was man weiß oder eben nicht weiß. Ehrlich gesagt, im Grunde ohnedies vielleicht nicht wissen kann, weil Wirklichkeit selten so ist, wie einer sie zu kennen glaubt.

Denken Sie über die Vorteile des Unwissens nach, so werden Sie feststellen, dass Sie als Unwissender Privilegien genießen, von denen andere nur träumen können. Nachsicht, Rücksicht. Vielleicht wird Ihnen auch Anteilnahme zuteil. In besonderen Fällen sogar Verständnis.

Weshalb viele Menschen es vorziehen, unwissend zu sein und zu bleiben.

Herr De und die Angst

Fürchten auch Sie dieses Unheimliche, Unausweichliche, das sich überall reckt und streckt, sich ausbreitet in Ihnen? Das immer da ist, nicht weichen will, und das Sie deshalb beschreiben müssen, benennen? Doch ehe Ihre Angst die Oberhand über alles hat, sollten Sie sie zu bannen versuchen, auf jedem Stückchen Papier, dessen Sie habhaft werden. Warten Sie nicht damit, schieben Sie nichts auf. Das Ungeheuerliche, das Sie bedrückt und das Sie vernichten will, wird sonst zum Gefährten. Sie werden es nicht mehr los. Ungerufen nistet es sich ein in Ihrem Gehirn, wider Ihren ausdrücklichen Willen; dieses Schreckliche, dem wir, ich und Sie, dem wir alle ausgeliefert sind, dem wir nicht entkommen können, auch nichts entgegenzusetzen haben am Ende.

So oder ähnlich sprach Herr De, und keiner der Anwesenden wusste darauf eine Antwort. Sie hielten die Augen gesenkt, oder wühlten in ihren Papieren. Auf Corlanys geröteter Stirn zeichnete sich eine Ader ab, die schwoll und sich bläulich färbte. Edetta sog an ihrer Zigarette und suchte nervös nach dem Löffel, der neben der Tasse lag. Nur Herr O. lächelte fein.

Herr De ließ seine Augen über die Runde schweifen, die sich um den Kaffeehaustisch versammelt hatte und ließ sie dann auf mir ruhen.

Sagen Sie doch etwas! drängte er. Haben Sie nicht damals diese Geschichte zur Diskussion gebracht? Wie war das doch gleich...

Ich erinnerte mich nicht, denn was meine eigene Angst betraf, stand sie in dieser Runde nicht zur Debatte. Was wusste denn schon dieser aufgeregte Herr von meinen Geschichten! Warum ließ er die Sache nicht ruhen? Schweigend nippte ich an meinem Tee und zog meinen Blick zum Fenster. Regen trommelte an die Scheiben, doch das Geräusch ging unter im allgemeinen Gemurmel der lebhaft plaudernden Gäste.

Natürlich haben Sie davon gesprochen! rief Herr De verärgert über den Tisch. Jetzt ertappe ich Sie bei einer Lüge! Und wieder ist es nichts anderes als Angst, ergänzte er. Sichtlich überrascht von der jähen Erkenntnis, die ihn dabei befiel, redete er weiter, leiser jetzt und ohne jeden Triumph in der Stimme.

Eben diese Angst ist es ja, die Sie abhält vom Reden. Also wiederum ein Beweis. Was sonst?

Fortan mied Herr De dieses Thema. Und die Freunde gingen sanfter an ihn und seine gern gepflegten Streitgespräche heran.

Plus oder Minus

Isabel jammert und blickt voll Kümmernis auf ihren Gast. Frühmorgens schon schwände der Tag ihr dahin, er sei nicht zu halten. Ein kurzer Riss..., und schon sei er weg vom Kalenderblatt, flügge und frei von ihm und von allem. Am Ende könne sie gar nicht glauben, dass da überhaupt ein Tag gewesen, so wenig habe er ihr gebracht, nur genommen.

Sie hatten ihn aber doch in der Hand, antwortet trokken Herr De. Diesen Tag so wie jeden anderen. Sie haben ihn in der Hand wie morgens die Zettelchen des Kalenders. Ihre Schuld ist es, wenn Sie die fliegen lassen! Warum halten Sie ihre Zeit nicht fest, damit Ihnen nichts entgeht?

Das ist es ja, verteidigt sich Isabel. Die guten Stunden sind rasch vorbei, die schlechten bleiben mir im Gedächtnis. Wie könnte ich da glücklich sein?

Herr De lehnt sich zurück im bequemen Fauteuil, nimmt noch einen Schluck von dem feinen Dessertwein und schaut Isabel ins traurige Gesicht. Und wer hindert Sie, es genau umgekehrt zu machen? Die guten Tage im Gedächtnis zu behalten und die schlechten dort zu belassen wo sie sind? Nämlich in der Vergangenheit? Wozu an Dinge denken, die keine Freude bereiten, und die überdies schon vorbei sind?

Ich werde mir Notizen machen, meint kleinlaut geworden, Isabel; und stellt zerstreut einen Teller mit Kirschen vor Herrn De auf den Tisch. Ich werde jetzt jeden Tag im Kalender mit einem Zeichen versehen, mit einem Plus oder mit einem Minus. Dann kann ich die Glückstage zählen. Ich sage Ihnen, es werden nur wenige sein, und die nicht vollkommen. Die Minustage überwiegen bei weitem, das weiß ich genau.

Herr De langt nach einer Kirsche und betrachtet sie von allen Seiten. Zwischen zwei Fingern hält er sie hoch, beschnuppert sie und dreht sie an ihrem festen Stängel einmal nach links, dann nach rechts, so dass die pralle Rundung der glänzenden Außenhaut sich von allen Seiten ihm zeigt. Tiefrot und makellos. Erstaunt fällt sein Blick zu dem vollen Teller herab, wandert zu Isabel, bleibt eine Weile dort und wendet sich wieder der einen Kirsche zu, die er immer noch zwischen den Fingern hält.

Was für ein Glückstag, meint er versonnen. Was für ein Glückstag für mich! Sie haben mich eben an ein großes Plus erinnert, das mir zuteil wird. Und das jeden Tag. Ich lebe, egal ob allein oder in Gesellschaft und genieße den Vorzug, es genießen zu können. Weil ich weiß, dass alles was ist nicht nur Schreckliches in sich birgt, sondern auch unglaublich Schönes. Herr De steckt die Kirsche, die er genau betrachtet hat, langsam in seinen Mund und staunt über irgend etwas, das Isabel nicht versteht. Er behält die Kirsche erst auf der Zunge, kaut sie dann langsam und konzentriert, schluckt sie endlich und lacht.

Dann isst er seelenruhig alle weiteren, die auf dem Teller liegen, ohne Seitenblick auf seine Gastgeberin, auf.

Herr De ist nicht unzufrieden

Die Menschen sind unzufrieden im Alter, sagt Herr De. Jedoch meist mit den anderen, nicht in jedem Fall mit sich selbst. Sie meinen, nicht adäquat belohnt worden zu sein vom Leben, fühlen sich enttäuscht und hadern mit äußeren Umständen, an denen sie selber schuld sind; die sie herbeigeführt haben, ohne zu denken.

Unzufriedenheit mit äußeren Umständen, sagt Herr De, ist eine Frage des Charakters, vielleicht auch der Intelligenz. Ich kann vom Leben nicht mehr erwarten als das, was ich dem Leben gegeben habe. Wer mehr will, tut Menschen Unrecht, die an seinem Elend unschuldig sind. Kein Wunder, dass die dann ihrerseits unzufrieden sind mit den Alten.

Ich bin nicht unzufrieden mit anderen, antwortet Herr De auf meine vorsichtige Frage. Allenfalls könnte ich es mit mir selber sein. Ich habe bekommen was mir zusteht. Ich habe drei Frauen verlassen, und sie haben es mir vergolten. Heute bin ich allein. Ich war unduldsam mit meiner Tochter, nun ist sie es mit mir. Meine Enkel haben mich nie interessiert, sie interessieren sich auch nicht für mich. Zu den Nachbarn war ich unfreundlich, sie gehen mir aus dem Weg. Ich habe also keinerlei Grund, mit dem Leben unzufrieden zu sein. Es ist konsequent und gibt mir zurück was ich ihm gab.

Dank an die Zeichen

Die Angst, dass Zeit, diese erste Ordnung des Lebens, uns eines Tages abhanden kommen könnte, dass sie eines Tags beim Erwachen ganz einfach verschwunden sein könnte, und verschwunden mit ihr die Gewissheit der Wiederkehr des Vertrauten, das wir so notwendig brauchen, von dem wir zehren bis hin ans Ende; dass nach jedem dieser besonderen Stille-Erlebnisse eines Nachmittags der Zeitsinn sich vielleicht nicht mehr einstellt, nachdem wir ihn für eine genüssliche Weile nicht gebraucht und keine Verwendung für ihn hatten, ihn nicht zu brauchen meinten zu dieser Stunde, weil alles so bequem und so ruhevoll war; die Angst, dass selbst der Schmerz, der oft wach hält wie nichts sonst, der nach Zeit verlangt, nach der Wiederkehr der Erlösung, das Bewusstsein verlassen könnte; ja dass selbst das Bedürfnis nach Zeit und ihrem Vorübergang, die natürliche Ordnung der Abläufe eines Tags, versickern könnten in der reglosen Stille, in dieser Zeitlosigkeit; dass eines Tags überhaupt jegliches Ordnungsgefühl einem Gefühl des Stillstands weichen könnte: Davor müssen wir uns hüten.

Das Wunder der Wiederkehr hingegen, dieses allerkostbarste Geschenk, kann sein eines Sonnenauf- oder Untergangs, oder einer beglückenden Stunde beim Mittagsmahl, wenn plötzlich Sonnenlicht den stumpfen Damast einer Tischdecke minutenlang überglänzt, weil zufällig jemand den Vorhang wegzieht vom Fenster und damit alles bestätigt erscheint, was wir erhoffen und innig wünschen, dass es so sei;

und wenn dann am Rand eines Glases vor uns in dem Wassertropfen, oder auf der äußersten Rundung der Suppenschale ein Lichtgeflimmer und ein Gleißen beginnt..., allersicherstes Zeichen von Zeit, vom Weg eines Sonnenstrahls, seines Vorübergangs wie seiner unumstößlichen Wiederkehr, seiner immer wieder zu denkenden und zu erhoffenden Wiederkehr: Dann ist zu danken für dieses Geschenk, das seinesgleichen nicht hat, uns aber gegeben ist, zumindest bis zum heutigen Tag.

Im eigenen Licht

Was außerhalb meiner geschieht oder ist, beleuchtet ein fremdes Licht, das kann manchmal täuschen. Was liegt also näher, als eine befremdliche Sache, vielleicht auch die unverständliche Eigenheit eines Menschen, heranzurücken, an mich zu ziehen, und soweit dies möglich ist, etwas davon hereinzuholen ins eigene Innere, um es im inneren Licht zu betrachten, bespiegelnd es zu begreifen und damit mir selber ähnlich zu machen, womöglich sogar mir anzuverwandeln. So ist es verändert, mir nicht mehr befremdlich. Und ich bin – weil es zum Teil ja nun mein geworden – damit versöhnt.

So sprach Eva, und als sie aufsah von ihrem Teller, lag ein Schein von Kindlichkeit auf ihren Wangen.

Ein Trick, warf Herr De ein und verzog sein Gesicht zu einem Grinsen. Sie drehen die Dinge so, wie Sie sie haben wollen und behaupten danach auch noch, sie beurteilen zu können. Dieses Hereinholen und Betrachten im eigenen Licht, wie Sie das auszudrücken belieben, das sollten Sie gut bedenken, das ist so viel Mühe nicht wert. Was ist gewonnen? Ist etwas befremdlich, oder finde ich es schlecht, dann ist das für mich so und nicht anders. Nennen wir doch das Dumme dumm, das Schlechte schlecht, das Ärgerliche einfach nur ärgerlich! Lassen wir es da, wo es ist, wie es ist, unverfälscht! Das ist ein Vorteil! Nicht ein Jota davon wollte ich mir selber nahe bringen, wie Sie das auszudrücken pflegen, oder gar zu beurteilen suchen im eigenen Licht.

Ich bin aber glücklich in solchen Momenten, erwiderte Eva. Die Liebe zu den Dingen hängt daran. Die Liebe zur Welt und zu den Menschen.

Adriatische Landschaft mit Zeder

Ungerecht

Was wollen denn diese Verrückten, fragt der Banause den fremden Herrn, der neben ihm Bilder betrachtet. Wozu denn der Aufwand, die Mühen, diese Großzügigkeit und unglaubliche Verschwendung? Verärgert schweift sein Blick durch den Saal, streift die großformatigen Bilder, die ungewohnten Farben und eine geheimnisvoll dunkle Skulptur in der Mitte mit wachsendem Unmut. Ist das den Eintrittspreis wert?

Herr De bedauert das und wundert sich. Tut mir leid, wenn es Ihnen hier nicht gefällt. Sie haben also an der Kassa bezahlt und nichts dafür bekommen?

Sie sagen es! platzt der andere heraus. Dann senkt er die Stimme. Und Sie? Sagen Sie ehrlich, haben Sie denn etwas bekommen für Ihr Geld?

Ich...? Ja, ich habe etwas bekommen, antwortet Herr De. Besorgnis schwingt in seiner Stimme, denn er darf sich bereichert fühlen, während ein anderer darbt. Dabei sollte es nicht bleiben. Wie ungerecht, fügt er entschuldigend hinzu, wenn für das gleiche Geld der eine etwas bekommt und der andere nicht.

Ungerechtigkeiten hätten ihn immer schon wach und hellhörig gemacht, kontert der andere und betrachtet argwöhnisch Herrn De's steile Stirnfalte, die sich beim Reden so lebhaft bewegt. Was, wenn ich fragen darf, haben Sie denn bekommen?

Herr De denkt nach, betroffen. Er will den Mann

nicht beleidigen. Wie groß die Anzahl der tatsächlich Unzufriedenen ist in dem Bildersaal, kann er nicht wissen, ahnen vielleicht. Also denkt er nach und schweigt. Denn diese Welt, denkt Herr De, diese um so viel schönere Welt, diese künstlich so fein gemachte Welt, Gegenwelt, in die er flüchtet, in die er sich zurückziehen kann nach Belieben, öffnet sich nicht in allen. Die für viele andere Menschen scheinbar sinnentleerten Räume öffnen sich aber für ihn! Er ist der Bevorzugte, der sich freuen darf und erkennen.

Aus den Reden des Herrn De

Der Glaube an einen Schöpfergeist und der Glaube an die Menschen mag manchem als zweierlei gelten, sagte Herr De, doch hängt beides zusammen. Uralte Vorstellungsbilder liegen diesem Gedanken zu Grunde; die schwinden nicht leicht, auch wenn sie manchmal verleugnet werden. Bilder des Glaubens, die wir noch suchen, auch wenn sie uns oft verblassen während des Lebens; an die wir uns aber erinnern müssen am Ende, um nicht uns selber, das heißt der Vorstellung von uns, entfremdet zu sein.

Dieses Gespräch begann Herr De nach einem Begräbnis, an dem wir – ein Zufall? – gemeinsam teilgenommen hatten, bei vorwinterlicher Kälte, in einem viel zu schwach beheizten Straßenbahnwaggon der Linie 71. Herrn De's zerfurchtes, weißumwölktes Gesicht war blau gefroren, doch litt er an etwas ganz anderem.

Gott und Mensch, sagte er, trotz seines hohen Alters und einem beängstigenden Zittern seiner Hände deutlich artikuliert, Gott und Mensch als uralte Einheit zu denken, entspringt unserem Lebensgefühl und Bedürfnis, obwohl es, aufs erste besehen, natürlich völlig Verschiedenes ausdrückt. In den Stunden unseres Alleinseins, in den Stunden der Selbstgespräche, ist es zu spüren. Herr De sagte das so, als handle es sich bei den beiden Begriffen überhaupt nicht um Unterschiedliches, um eine völlig andere Dimension, sondern um durchaus Verwandtes.

Wieso, fragte ich neugierig und empfand seine begonnene Rede nicht wenig exzentrisch und altersschwach; merkte aber sofort an der Unsicherheit, die mich dabei befiel, dass mein nicht zu Ende gedachter Einwurf ziemlich oberflächlich war und unüberlegt.

In unserer Vorstellungswelt, falls sie denn genau ist und echt, sagte Herr De mit einem milden Seitenblick auf mich, treten die Begriffe Gott und Mensch fast immer gemeinsam auf. Nur im Bitten und Beten, und besonders im Wünschen, sind sie getrennt und zweierlei, aber selbst da noch sehr eng aufeinander bezogen. Gibt es nämlich den Menschen als leib-seelische Einheit in unserer ziemlich spitzfindig durchdachten Form, dann muss es dazu – notwendigerweise – auch ein Gegenüber geben, wir nennen es Gott. Anders ist der sogenannte „höhere“ Mensch, der sich über dem Tier stehend wähnt und der bekanntlich in unserer Vorstellung seit Jahrtausenden existiert, nicht zu denken. Überlegen Sie das, sagte Herr De. Sie werden es mir bestätigen.

Dennoch, fuhr der alte Herr trotz meiner Bedenken unbeirrt fort, ist das Gemeinsame dieser beiden Begriffe kein Beweis von Gottes tatsächlicher Existenz. Und einen Menschen, der einem solchen Anspruch an sich selbst tatsächlich entspräche, habe ich, so wie ja auch Gott, nie gefunden. Gäbe es ihn nämlich, dann wäre Glaube wohl selbstverständlich. Oder anders gesagt: Gäbe es Gott, so wie wir ihn uns denken oder erhoffen, müsste es dazu auch den idealen Menschen geben, jenen von uns allen gewünschten, geforderten und gesuchten, der zumindest, was meine Erfahrung betrifft, überall fehlt. In meinen Beobachtungen und versuchten Beweisen zumindest, sehr deutlich fehlt! Seltsam, nicht wahr? Denn immer noch lebt ja diese Vorstellung vom Menschen in mir, lebt trotz allem als Inbild: der ideale Mensch. Genauso wie auch Gott als Inbild in mir lebt. Als Ideal eines Guten, Barmherzigen. Verstehen Sie das? fragte Herr De. Seine dunklen Augen ruhten tiefernst, ja beschwörend auf mir.

Daran nämlich, genau daran, setzte er, ohne meine Antwort abzuwarten, nach, will einer nämlich glauben. An seine Inbilder wie an sich selbst. Muss glauben, um nicht abgetrennt zu sein von seiner Vorstellungswelt, den Anforderungen an sich selbst, den Idealen. Um nicht zweifeln zu müssen an sich selbst, um nicht verrückt zu werden. Ich glaube, sagte Herr De, falls ich glaube, an mein eigenes, noch nicht erloschenes Ideal, an ein Ich, das existiert, wenn auch nur in meiner Vorstellung.

Er atmete tief und wirkte plötzlich erschöpft. Mir schien, als habe er mit der Darlegung dieses Themas auch schon sein eigenes Schicksal umrissen, als habe er allein mit diesem Gedanken alles, beinahe alles, über sich selbst gesagt.

Es handle sich bei dieser Weltsicht um eine absolute Notwendigkeit, sowohl für die Lebensführung, als auch für deren Abschluss, fügte er noch hinzu. Denn immer noch glaube er an eine mögliche Vollkommenheit der Menschen, wenn sie sich derzeit auch nirgendwo zeige. Er könne den Gedanken daran nicht fallen lassen. Auch nicht den Gedanken an den Zusammenhang all dieser unvollkommenen Zeitgenossen mit einem – in kindlicher Vorstellung – ja auch nicht vollkommenen, da manchmal ungerechten, doch vielleicht gerade dadurch so schmerzlich erwarteten Gott. Also hoffen wir umso mehr, dass er doch der Gerechte sei.

Herr De sah mich mit weiten Augen an, zwei schwarzen Seen, deren Tiefe mich erschauern ließ. Verstehen Sie das? fragte er streng.

Wollte er mich prüfen? Ich überlegte, vorsichtig geworden, wie darauf zu antworten sei. Funktionierte denn so das Glaubenkönnen? An nichts als an ein höchst unvollkommenes Menschsein geknüpft, an Menschen, die doch nie aus ihrer Haut herauskönnen? Wie leicht ließe sich da der Glaube erschüttern durch falsche Deutung, fehlerhafte Gewichtung des Gefühls oder mangelnde Erfahrung, durch vielleicht bloß vermeintliches Wissen, das uns auf falsche Fährten lenkt. Gibt es denn nichts, woran der Glaube sich knüpfen kann, außer an ein Sehnsuchtsbild? Suchbild, nichts anderes? Unsere Vorstellung von Gott, ob einer nun will oder nicht, wäre nach der Meinung dieses Herrn neben mir bloß unser eigenes Gegenbild. Einem ziemlich extravaganten Selbstbild entnommen. Absurd! Der Mensch, der fehlerhafte, macht aus dem Menschenbild, das er in sich trägt, ein ebensolches, nur geschönt – und nennt es Gott? Herrn De gegenüber wollte ich diesen Gedanken nicht äußern, ich schwieg bedrückt.

Sehen Sie..., kam es jetzt, schon weit weniger selbstsicher, aus dem Mund des Herrn De, so als hätte er rasch durchschaut, was in mir sich wälzte und wand. Gesucht, immer nur gesucht, meinte er resigniert. Nie gefunden.

Der alte Mann senkte traurig den Kopf. Und trotzdem immer noch dieser Gedanke, immer noch! Doch das Leben liegt hinter mir, Sie dürfen mir das glauben, sagte Herr De. Nichts daran lässt sich ändern.

Er verabschiedete sich wortlos, erhob sich schwankend und wusste seine Füße kaum richtig zu setzen beim Ausstieg, erreichte aber den Gehsteig. Ich beobachtete ihn mit Sorge und sah ihm noch nach, als der Straßenbahnzug längst den Rennweg hinuntergerattert war, angekommen an seiner Endstation und doch wieder nicht; denn er nahm die Kurve und kehrte nach schrillen Bremsgeräuschen, nach viel Bimbim und Gekreisch, wieder um. Die Linie 71, stadtauswärts, bis zum vermeintlichen Ende.

Die Mitte des Blütengrunds

Worte, die verstört oder verletzt haben, verlöschen nicht im Gedächtnis, sie haften ihm an und bringen Entzündungen hervor, die im besten Fall irgendwann vernarben, im anderen Fall jedoch sich verhärten und Schaden anrichten. Wundschmerz, Seelenfieber. Die Nächte sind lang, und Klagen hilft längst nicht mehr.

Den, der nicht ruhen kann, drängt es morgens früh auf die Füße. Kaum dass die Dämmerung sichtbar macht, was noch heil ist in seiner Welt, was sein Leiden überdecken wird, oder verdrängen. Und weil er das hofft, ist ihm jede Anstrengung recht.

Herr De, krank in der Brust, wund auch vom ätzenden Salz mitmenschlicher Scheelsucht und Ignoranz, tritt ans Fenster. Hat ihm je einer vorurteilsfrei, ohne Hinterhalt, in die Augen geschaut? Doch, ja. Aber viele der freundlichen Leute, auch solche, die er für freundlich hielt, schenkten ihm kaum einen Blick und wenn, sahen sie gleich wieder weg.

Anders die Blumen. Die Augen der Orchideen bleiben auf ihn gerichtet, wenn sie sein Atem berührt. Sie halten den seinen stand und wippen zartfühlend auf ihren Stängeln, so als wollten sie antworten auf eine Frage, die er noch gar nicht gestellt hat. Herr De ist gerührt, lautlos lächelt er in sich hinein. Es ist niemand da, der ihn wegen solcher Seltsamkeiten kritisiert. Nun begießt er die anmutig wippenden, weit sich ausstreckenden Würzelchen der kleinen Pflanze mit einem Schwall lauwarmen Wassers, das sich in dem kleinen Gefäß gleich verteilt. Herr De stellt das Kännchen umsichtig zurück aufs Regal, nimmt mit beiden Händen den Orchideentopf und dreht ihn so, dass das überschüssige Nass langsam aus ihm wieder abfließt, in das Wasserbecken daneben.

Ein wenig schwindelig fühlt sich Herr De, er fingert nach seinem Stuhl, findet ihn auch nach einigen missglückten Versuchen und rückt ihn umständlich vor seiner Lieblingspflanze zurecht. Sitzend ist er den Augen seiner Geliebten näher. Er atmet tief. Jetzt ruht sein Blick auf dem roten Geäder des untersten Blütenblatts und verfolgt dessen Lauf bis dorthin, wo ein seltsamer Duft aus der dunklen, verborgen ruhenden Mitte des Blütengrunds dringt, ihr wie eine feurig gesprenkelte Blutkaskade entströmt.

Herr De wischt sich das Wasser von seiner Wange, er zittert ein wenig dabei. Dann greift er nach der Lupe auf dem Tisch neben sich, zieht sie langsam an sich heran, lächelt und schließt die Lider.

Kobold mit Pfeil

Nachts tastet es sich an mich heran, innerhalb meines Traums: das Unerhörte, Ungedeutete entlang des Gewussten; ein Gespenst, das mich heimsucht, heimholen will und wird an den Ort, an dem ich zur Unzeit nicht sein will und kann. Vor dem ich flüchte. Wo dieser Ort ist? Hier, über der Tastatur.

Wer das Gespenst ist, das mir im Ohr liegt? Das mich ärgert, beflüstert? Ein Kobold mit seinem Pfeil! Schon hat er mich eingefangen mit einem Trick, den ich gerne verschweige. Offenen Auges und plötzlich nicht einmal widerwillig erreiche ich den Schreibtisch. Der Kobold wartet, bis endlich der Schalter erreicht ist, damit ein Licht mir die Tasten zeigt. Lacht und steckt seinen Pfeil weg. Genug, scheint er sich selber zu sagen. Es hat gewirkt. Bis zum nächsten Mal. Adieu!

Geschickt verwahrt er den Pfeil im Köcher. Mit vielen anderen bewahrt er den meinen auf, wirft mir einen triumphierenden Blick zu, dreht sich um und entschwindet.

Nymphea und Goldfisch

Eva, die ewige, von Blumen, Schleifen und manchen anderen im Lauf der Zeit lieb gewonnenen Dingen umflort, feiert längst nichts mehr als ihr eigenes Leben. Ihr weißer Sonnenhut wippt in der glasklaren Luft; gerät, obwohl Windstille herrscht, aus dem Gleichgewicht, lediglich durch die Erschütterung ihrer Seele, die den Sprung in ein Jenseits noch nicht vollziehen, vielmehr, und zwar samt allen möglichen Konsequenzen, diesen einen besonderen Sonntagsspaziergang wagen will, ihrem lieben Verstorbenen zum Gedächtnis. Den Sonnenhut mit der blauen Blume darauf, den schiebt Eva mit einer geschickten Handbewegung zurecht, sie will sich nicht irritieren, nicht abbringen lassen von ihrem Entschluss.

Auf dem Stadtplatz, im dichten Gedränge um den Neptunbrunnen, den der vor sieben Sommern Dahingeschiedene immer gern aufgesucht, wandert Eva unschlüssig hin und her, tritt an den Beckenrand und von ihm weg, wieder hin, wieder weg; und sieht eine Weile den Goldfischen zu. Mitten im Brunnen, heute wie damals von Muscheln, Gestein und allerhand Beiwerk umrahmt, lagern moosbewachsene Skulpturen, thront Neptun immer noch als derselbe, von Nereiden umspielt, in der Linken den erhobenen Dreizack. Seerosen schaukeln über dem Wasser, gelb, rosenrot. Unweit des Beckenrands breitet die große Nymphea ihr riesiges Blatt aus; und des Verewigten Lieblingsblüte.

Wie jedes Mal staunt die betagte Dame bei diesem Anblick. Hält sämtliche Sinne, auch Assoziationen, die sich ihr aufdrängen wollen, auf diese eine, rosenfarbene Blüte gerichtet, die auf der schwarzgrünen Oberfläche des Wassers geheimnisvoll ihr entgegen treibt, größer, röter, herrlicher als je zuvor. Ein Omen? Eva zögert vor der Versuchung, jähen Einfällen allzu schnell nachzugeben.

Vorsichtig blickt sie um sich. Scharen von Kindern gibt es da, die lärmend einander suchen, halbwüchsige Rollschuhfahrer, Skater und junge Mütter; Menschengruppen und Paare, junge und ältere, in ihre Gespräche vertieft. Vom Gehsteig auf der anderen Seite des Platzes löst sich eine einzelne schmale, helle Gestalt. Eva dreht sich schnell um die eigene Achse und beugt sich über den Brunnenrand.

Seerosen wurzeln nicht tief. Der Grund des Beckens ist dennoch nicht einzusehen, weil von Algenschleiern, schwärzlichem Schlamm und Goldfischschwärmen durchzogen. Kniehoch muss das Wasser hier mindestens sein, denkt Eva, jedoch keinesfalls tiefer als hüfthoch. Sie tritt näher heran, um das zu prüfen, mutig genug, um den Wuchs der Nymphea aus nächster Nähe zu betrachten. Weit geöffnet liegt die riesige Blüte auf dem flachen, tiefgrünen Blatt, dessen sanft aufgebogener Rand sie rundum vor dem anschwappenden Wasser beschützt. Könnte es nicht noch anderes schützen? Aber wen oder was? fragt Eva sich irritiert.

Die Blütenschale ist leer. Oder ist sie es nicht? Zwischen aufsteigenden Luftblasen breiten konzentrische Kreise sich aus und laufen geheimnisvoll auseinander. Fischmäuler öffnen und schließen sich. Darüber Libellen.

Eva, am Beckenrand stehend, fühlt sich plötzlich ganz seltsam leicht und sehr klein. Ach, aufzuwachen, denkt sie, inmitten solch einer Blüte, tief in ihr rosiges Rund gebettet! Erwachen aus schweren Träumen und in die reine Frische eines Sommertags schauen! Wie herrlich müsste das sein! Die Augen zu öffnen und den Himmel zu sehen, gewiegt und geborgen zugleich. Das Glucksen des Wassers zu hören und über den Rand von Blütenblättern zu blicken, mitten hinein in die neugierigen Augen eines ... Goldfisches ...

Eines Goldfischs! Wie oft in Kindertagen hat sie solches geträumt! In einer Seerosenblüte, auf dem Rükken liegend, die Wolken zu sehen. Im Geschaukel des Wassers den Blick hinüber zu wagen, über den Blütenrand hinaus in die Welt der anderen: Der Fische! Zu erleben, wie einer von ihnen sich wundersam aufhebt und über das ausgebreitete Seerosenblatt hinweg ihr freundlich zunickt...

Ihrem Seligen hatte sie derlei manchmal ins Ohr geflüstert, auf sein belustigtes Lachen gehorcht; nur um gleich wieder einzutauchen in ihre Träume, in das wiegende Auf und Ab der großen Nymphea, gehalten vom sicheren Arm einer sanften Natur und darin aufgehoben für lang, für lang.

Werde ich in die Augen des Goldfischs schauen, wenn ich die meinen öffne? fragt Eva auch jetzt tief innen ihr Gegenbild. Und der Selige, der ja immer noch lebt in ihr, lacht hellauf. Du wirst sie sehen, wenn Du Deine Augen endlich ganz öffnen wirst, Eva, Du altes Mädchen! Doch wie ich bemerken darf, bist Du ja noch gar nicht drin in der Blume, stehst unschlüssig hier herum und weißt nicht, was jetzt zu tun ist.

Eva erschrickt. Sie blickt sich um, als sie hinter sich einen Schatten zu erkennen meint, setzt sie noch einen Schritt nach vor, bis knapp vor den Beckenrand, und – wäre beinahe im Wasser gelandet. Irgendwo kreischt ein Vorübergehender auf, zwei Mädchen stürzen herbei, zerren zu beiden Seiten an ihren Armen. Sie muss sich wehren, von solchen Einschränkungen sich entschieden befreien! Verärgert jagt sie die Hilfsbereiten davon.

Was wissen denn die vom Leben! Was von der Flüchtigkeit des Glücks! Wenigstens der Goldfisch, denkt Eva, wenigstens der Goldfisch muss Wirklichkeit werden! Ein Blick aus klugen Goldfischaugen, ohnedies nur über den Blattrand hinweg, über die Ödnis des Wassers und alle die vielen, vielen Einsamkeiten hinweg.

Sie will nicht weiterdenken, nicht immer das gleiche, wiederkehrende Bild jenes Herrn aus der Nachbarschaft im Gedächtnis herumwälzen müssen, der sie – und unlängst schon wieder! – mit: Wann, liebe Gnädigste, darf ich Sie zu einem Kaffee einladen? begrüßt.

Gar nicht! hat sie ihm trocken geantwortet. Ich trinke nur Tee! Das war die Wahrheit gewesen. Das ist sie auch jetzt. So würde sie wieder antworten müssen, wenn einer sie fragte, damit alles was ist auch wirklich der Wahrheit entspricht. Merkwürdig schwindelig fühlt sich Eva.

Sie fällt einfach hinein! Der Länge nach fällt sie hinein in den Brunnen, so dass das Wasser hoch aufschwappt, einige Ahnungslose am knappen Vorbeigehen hindert, sie aufschreien und kreischen lässt: Jessas, die Alte...!

Tumult und Heiterkeit! Eva ist viel zu nah vor dem Becken gestanden, eine kurze Ausweichbewegung, eine winzige Drehung...! Da war kein Halt und kein Arm, der das hätte verhindern können. Evas Schuhe, die schönen sommerlichen, die stecken jetzt – pfui! – im schlammigen Grund. Nur ihr Gesicht taucht gleich wieder auf, und die Schultern, das Wasser ist ja nicht tief. Zu tief, Gott sei Dank, um sich ein Bein drin zu brechen; zu seicht, um schmählich ertrinken zu müssen in einem Goldfischteich! Grün hängt an Evas Spitzenbluse, der schönen weißen, Grün an dem Spitzenschal, auf den sie so stolz ist. Am Ohrring fühlt sie einen widerlichen Fetzen aus grasigen Dingen hängen und zieht ihn mit Grausen herab.

Und der Hut? Den entnimmt Eva unversehrt dem riesigen, heil gebliebenen Seerosenblatt, jenem über das Wasser so groß und so wundervoll hingespannten Blatt der schönen Nymphea; es sieht aus wie ein glattpoliertes, trockenes Tablett. Mein Hut! ruft Eva. Die Zornesröte, wie auch die Tränen in ihren Augen bleiben unbemerkt, weil aus dem Haar ja ohnedies soviel Wasser rinnt, ihr unentwegt über Stirne und Kinn läuft.

Diese kreischenden Stimmen! Dieses Herbeistürzen der Menge! Das dumme Gekicher der Mädchen! Kindergebrüll! Bis eine einzelne dünne Stimme plötzlich ***Bravo!*** ruft, beklatscht und belacht von der Menge. Alles endet in einem Gelächter.

Was für ein Tag! Eva ringt nach Luft und nach Würde. Plötzlich reißt sie die Hände hoch. Eine Geste, die ihr spontan entspringt, nie im Leben ist sie ja in vergleichbarer Lage gewesen.

Es lebe das Leben! schreit sie laut zu den Gaffern hinauf, breitet die Arme weit aus und lacht, damit ihr das viele Augenwasser die schmutzigen Wangen doch endlich abwäscht. Noch einmal schreit sie, so laut sie kann: Es lebe das Leben! Sie winkt der Menschenansammlung oben am Brunnenrand jauchzend zu und steht doch bis zur Hüfte im Wasser, seltsam berauscht wie von jähem, unbegreiflichem Glück. Denn oben am Beckenrand, halb niedergesunken vor Schreck und mitfühlendem Schmerz, doch mit beharrlich zum Wasser hinuntergestrecktem Arm..., der Herr aus dem Nachbarhaus! Derselbe..., und was für ein Blick! Was für ein...! Und geradewegs über den Blütenrand der Nymphea...

Wie? Eva staunt und fingert zugleich ein zappelndes Goldfischlein aus den Schlingen des Spitzenschals, der ja immer noch um ihren Hals hängt. Ein kleiner Goldfisch nur, er hat sich verfangen.

Ein Fisch! ruft Eva. Schnell hilft sie ihm aus all dem Gewirr heraus und entlässt ihn ins Wasser. Vorsichtig tappt sie zum Beckenrand. Evas Herz ist jetzt eine Libelle, es schwirrt und sirrt, ein zuckendes, alle Gedanken verwirrendes, seltsames Ding. Der erschöpfte Kavalier in dem nassen, zerknitterten Leinensakko fasst nach dem Algengrün ihrer Hand. Madame, ächzt er, ganz außer Atem. Was für ein Tag!

Die anderen helfen ihm, das schwierige Werk zu vollbringen. Sein Gesicht ist gerötet. Als er sich aufrichtet, steht er jedoch ganz fest auf den Beinen; ein durchaus passendes Gegengewicht zu der Dame, der über und über algenbehangenen Nereide, die er an Land gezogen. Endlich! Seine und Evas Augen sind immer noch nass, als alles sich wieder beruhigt, ordnet, und beide sich in Bewegung setzen, tapfer, Schritt vor Schritt. Die Menge klatscht Beifall.

Eva zieht Algenspuren nach sich, quer über den Stadtplatz. Sie hält ihren Arm mit dem des freundlichen Herrn verschränkt. Ihr ist nicht kalt, vielmehr äußerst warm, es ist ja nicht spät am Tag, und die Sonne, der Sommer...

Lassen Sie uns das feiern, sagt der Herr in dem hellen Leinensakko.
Ja! sagt Eva und blickt bewundernd zu ihm auf. Blickt in kluge, besorgte Augen. Ob Goldfischaugen oder nicht, denkt sie, das ist jetzt egal. Und so antwortet sie prompt und mit fester Stimme: Ja, das werden wir feiern! Das Leben! Das herrliche, unerschöpfliche Leben!

Der Traum vom Amethyst

Beim gefährlichen Aufwärtsklimmen auf blankem Kristall, in diesem einen, einzigartigen Zustand äußersten Wollens und Tuns, blitzt auf jeder Stufe, die zu erreichen die Mühe lohnt, im Dunkel ein Licht auf. Reflexe im Innenraum einer riesigen Druse lassen auf hunderten blinkenden Flächen des wasser- bis veilchenfarbenen, stellenweise tiefvioletten Steins Bilder aufglimmen, die gleich wieder verschwinden und nicht zu deuten sind, weil sie nicht nur von der transparenten Kuppel ganz oben, dem da und dort durchbrechenden Sonnenlicht, sondern von überall her magisch erhellt erscheinen, bis hinab in die dunkleren Schlünde, wo sie aus den Tiefen eines gewaltigen Gebirges aufwärts projiziert und von spiegelnden Flächen zurückgeworfen, auch in den letzten Winkeln des großen Ganzen präsent sind, selbst im abgelegensten, Schacht.

Der Aufstieg in dem riesigen Hohlraum erfordert Kondition und Überlegung. Hand greift über Hand im mutigen Griff, Fuß über Fuß, um die erhoffte eine, sowie auch die nächste und übernächste Stufe, heil zu erreichen; nicht auszugleiten, nicht abzustürzen durch die Schwere eines unzuverlässigen Leibs, sondern Tritt zu gewinnen mit ihm, der doch immer nur Hülle sein kann, stellvertretend für seine Ganzheit, die er sein will, sein soll und vielleicht sogar manchmal ist. Oben angekommen, hält einer dann Rast, um seine Schrunden und Wunden zu versorgen, die Spitzen und Kerben ihm zugefügt; messerscharf ist ja der Kristall. Er stillt sein Blut, noch bevor es ihn für immer verlässt.

O du, der du dies alles kennst und, mir weit voraus, die Positionen versteckter Tritthaken weißt, die tükkisch und glatt uns bespiegeln und täuschen mit ihrem Glanz; Schicksal für jeden, der an Orte wie diese gebunden zu sein glaubt oder tatsächlich an sie gebunden ist. Er kann nicht entfliehen, nicht diesem Traum, nicht der tödlichen Glätte. Mit jedem Klimmzug über die Grate und Kanten des funkelnden Hohlraums, der nach oben zu kein Ende erkennen lässt, vergrößert sich der Abstand zum Ausgangspunkt aller Mühen, und die Erregung steigt, je steiler die Prismen ragen, je gefährlicher einer sich über die steinernen Welten erhebt.

Bist du jetzt oben? Hast du den Durchbruch erreicht? Ist da ein Spalt, durch den das Sonnenlicht dringt, oder ist alles nur Täuschung?

Es gab eine Zeit, da streckte sich irgendwo eine Hand aus, fasste die meine und zog mich ihr nach. Später dann fand ich mich unter vielen wieder und plagte mich doch allein; denn jeder achtete nur auf sich selbst, stieg oder stürzte, kam hoch oder glitt von der Senkrechte wie ein Wassertropfen ab.

Du bist mir voraus, vielleicht durch die Löcher und Spalten der Spitze längst schon im Freien, spielst mit den Wolken, dem Wind und schaust dem Gewimmel da unten zu, der Mühsal, die nicht enden kann. Ich erinnere mich an die Zeit, als du während des Anstiegs niederblicktest auf mich, damit jeder Schritt seine Richtigkeit habe, kein Unbedachtes, kein Schräges mich hemmte. Und jede Bewegung, die mir gelang, war Freude. Mein Herz war leicht, denn deine

Augen, tiefviolett-amethysten vom Abglanz der Kristalle, ruhten voll Liebe auf mir.

Jetzt strecke ich wieder die Hand ins Leere, suche die nächste Kante zu fassen, die vor mir aufragt und ziehe den lastigen Körper nach mit aller Kraft. Ein anstrengender Klimmzug. Doch da ist kein Ausruhen und keine Rast, denn die finsteren Winkel hinter mir treiben mich aufwärts, die blanken Flächen neben und über mir irritieren und machen mir Angst. Kristall türmt sich über Kristall, turmhoch ins Ungewisse.

Wer glaubt denn schon, dass die Furcht vor Unmöglichem einmal zum Glauben an Mögliches wird? Es ist ein Geheimnis. Verwandelt wird alles in ein Gefühl, wenn nicht in die Gewissheit, dass, wer den Weg seines Herzens gewählt hat, irgendwann an ein Ziel kommt. An ein Licht, das er geahnt, vielleicht ja auch bloß erdacht hat; aber was macht das schon aus? Ein Gedanke hat ihn berührt, als es den ersten Schritt aufwärts ging; und die Hoffnung, ein Passwort zu finden, das ihn über Mühsal und Schwierigkeiten hinweg hebt und alle Rätsel löst. Auflöst und erlöst was alles als Rätsel einhergeht. Auch mich am Ende und alle, die mit mir sind.